人生下半場，我想要這樣的生活

50歳からはじまる、あたらしい暮らし

廣瀨裕子——著
王蘊潔——譯

前言

我發現邁入四十大關，和迎接五十歲時，心情很不一樣。說起來，四十歲像是三十多歲的延續，五十歲就是邁向未來的年紀——六十歲或七十多歲的起點。五十歲讓人有一種「告一段落」的感覺，又同時覺得正「邁向下篇章」，更覺得是一種「全新的開始」。

每個人的感受不同，可能有人在迎接五十歲時，完全沒有這種感覺，但我無法像以前的歲月一樣，走過「五十歲」這個年齡，無法不有所思考。也許是……變化的速度，總覺得四十歲和五十歲的「排檔檔次」不太一樣，某一天，在一些深入的部分、在身心方面，發現不太一樣了……

有些風景，只有站在那個位置時才能看見，我認為歲月的增長就是這麼一回事。

如今，我第一次站在五十歲這個位置上，可以看到以前不曾見過的景色，每一天都過著全新的生活。

我有我的五十歲，每個人都有各自的五十歲，每個人都必須面對「年歲的增長」，有時候忍不住想像，「不知道那個人的五十歲是怎麼樣？」不知道那個人如何接受「五十歲」這個年紀？如何生活？規劃怎樣的未來？對未來的居住環境、衣著，身心的調適有什麼規劃，有什麼想法？

我將我的「五十歲」寫成了一本書，如果能夠協助各位讀者從這本書中，發現一些重要的事或是新觀點，將是我最大的榮幸。

站在新的位置時，眼前會出現怎樣的風景呢？我希望能夠仔細看清楚那片景色。

目錄

1 從五十歲開始 014
2 要成為怎樣的我？——輕快卻深沉 018
3 妥協 022
4 重拾 026
5 大人問題 030
6 保持笑容 033
7 原諒與被原諒 034
8 讓時間成為助力 035
9 像那個人一樣 037
10 盡可能保持整潔 040
11 身體發生變化時 042

12 調養——飲食、步行、睡眠、呼吸、信賴 044
13 身體的姿勢，心靈的態度 046
14 偶爾一日 048
15 保養，讓身體維持理想狀態 050
16 飲食、生存 053
17 實施減食日 058
18 吃飯的姿勢 059
19 漸漸適合自己的東西 061
20 舒服的寬鬆 064
21 不同場合的白色衣服 066
22 量身訂做 070
23 對自己的肌膚負責 074
24 身體的角落 078
25 貼身衣物…… 079

26 第一副墨鏡 081
27 美好的事物 086
28 白色手帕 088
29 泡紅茶的時候 090
30 久違的香水 094
31 戴上回憶 098
32 將意識集中在喜歡的事物上 102
33 開心過日子 103
34 魅力 106
35 往後的居住環境 110
36 「物品」和「生活」 114
37 萬一 118
38 口袋裡 121
39 像書信般的電子郵件 126

40 貼上希望 127
41 去做「想試試」的事 128
42 一天、一星期、一個月、一年 130
43 偶爾熬夜 134
44 喝一杯咖啡的時間 135
45 一起去旅行 138
46 去見想見的人，共度片刻時光 142
47 單獨見面 145
48 大人的眼淚 147
49 當年的時光 150
50 「事到臨頭」才會知道的事 153
後記 158

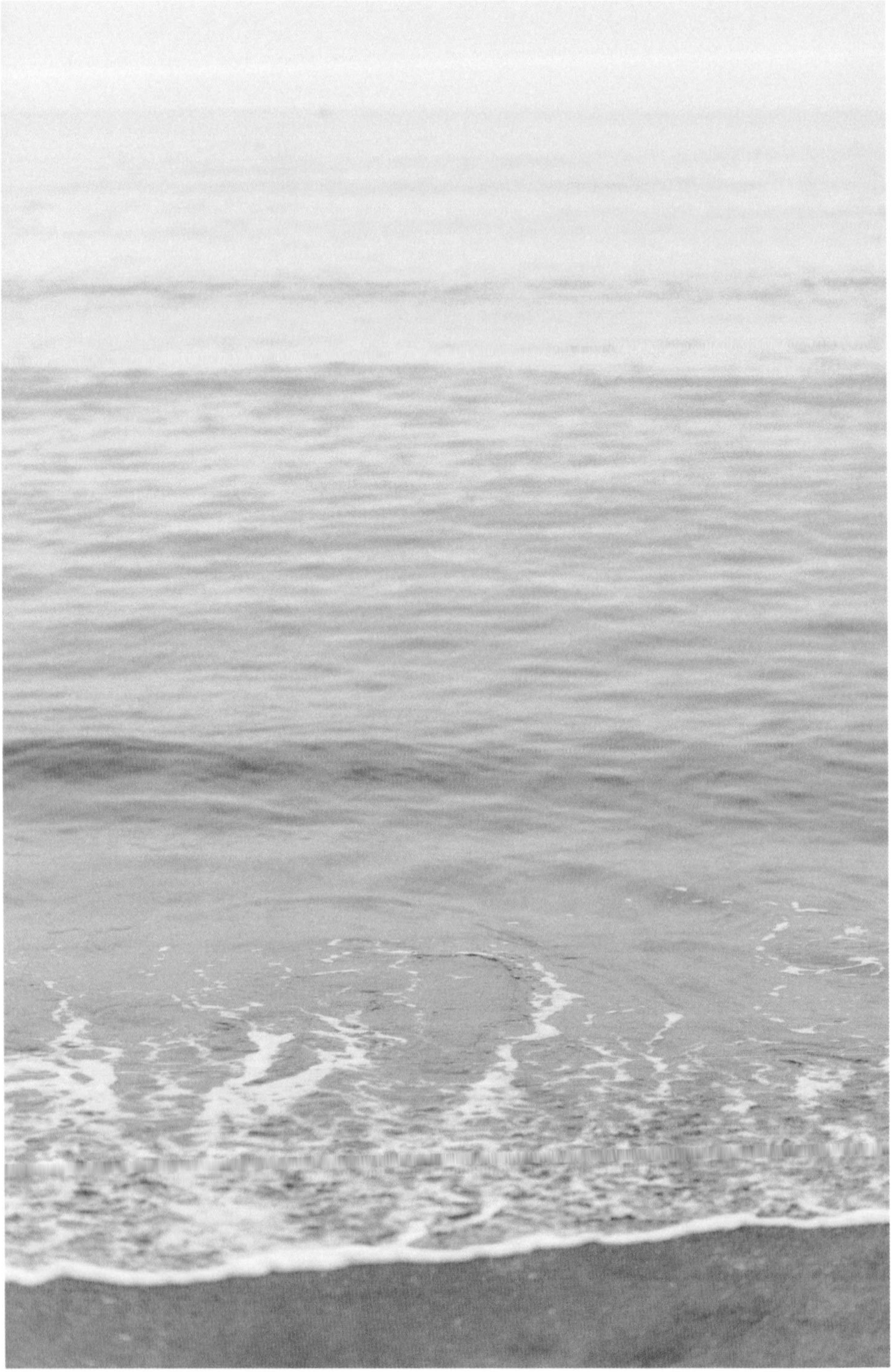

1 從五十歲開始

我曾經開過一輛一九六八年生產的車子。那是一輛漂亮的車子。

雖然車子很漂亮，但必須定期維修保養。下大雨的時候，雨水會從車窗的縫隙中滲進來，皮革的座椅變得硬邦邦，一到冬天，坐下去很冰冷。車上當然沒有汽車音響，也沒有衛星導航系統，車窗是手動的。一旦開始寫，就發現這輛老爺車的特徵不勝枚舉。

但是，開那輛車時心情很愉快，傳入耳朵的引擎聲，和身體感受到的震動，都充滿了「手工製造」的感覺。汽車雖然是機械，但有時候覺得汽車有生命，每次握住方向盤時，腦海中就會閃過「可能會在半路拋錨」的想法

我認為，那輛汽車很像人。

那輛汽車有著和時下的車輛不同的外形和美麗，可以從那輛車子中感受到製造者的態度，和時代的真誠。做工精巧的方向盤、車身的顏色，和顧慮到各個細微之處的設計，那是現代車子所沒有的魅力，具備了某些方便舒適的車子所無法體會的東西，但是，開這樣的車子，也必須為此承受或多或少的不方便。我認為年歲的增長就是這麼一回事。

年歲增長，就是持續接受身體、生命和自己的變化。有些是緩慢的變化，有時候也會突然發生變化，就好像隨時作好「不知道什麼時候，會在哪裡拋錨」的心理準備，開著老爺車上路一樣。

所以，必須細心呵護，定期保養，發現其中的美好，感受快樂，讓時間成為自己的助力，同時，隨時作好心理準備。

也許需要開始「準備」以後的事。可以馬上開始想像，但是不必擔心，不要因為過度想像看不到的未來而忽略了眼前。了解自己的內心容易變得頑固，學會放鬆之道，讓自己變得自由。

我並不認為五十歲的生日一過，一切就會發生巨大的改變，而是至今為止累積的時間和自己，經過了某個中間點，繼續邁向下一個階段。

雖然冷靜回顧五十年的歲月，恐怕會（像大部分人一樣）昏倒，但如果認為是至今為止累積了五十年，才有「現在」，就會覺得格外舒暢。我希望盡可能輕鬆走過這個中間點。

雖然我在迎接五十歲生日之前作好了心理準備，但生日這一天並沒有太多的感慨。一如以往的生日，就像一陣輕風吹過。

生日的確是「特別的日子」，但任何人都不可能一直停留在那一天。到了第二天，太陽照樣升起，又是一個邁向下一個年齡的全新早晨。

雖然年輕時想像中的五十歲，和實際生活中的五十歲之間的落差讓人感到無所適從，但還是必須繼續向前走，盡可能讓時間成為自己的助力。

已經五十歲了。才五十歲而已。總之，就是五十歲。

2 要成為怎樣的我？——輕快卻深沉

年齡，有所謂的「階段」。二十歲、三十歲、四十歲。然後，就是五十歲。

二十多歲時，工作、人際關係、感情和生活方式都很不穩定。想要去某個地方，卻不知道到底要去哪裡，也不知道要怎麼去，有時候甚至不知道自己身在何處。三十歲左右，終於了解「自己想要過這樣的生活」，似乎發現了地圖的一小片碎片，當時所看到的風景，至今仍然留在我的心中。

雖然每一個年紀都很重要，但我還是認為，「五十歲」是一個重要的階段。

五十歲，會有一種「已經走了一圈」的感覺。既是該經歷的事都已經經歷過的「一圈」，也是雖然發生了很多事，但又繞回來了的「一圈」。只不過是「走了一圈」，並不是回到了原點，而是比原來的位置稍微高一點的地方。

迎接五十歲之後，我開始思考「從今以後，要成為怎樣的我？」這個問題，但並不是設定目標，而是希望日後可以好好陪伴自己。我的內心充滿了這樣的心願。

在想像的過程中，腦海中浮現出某些字眼，其中一個就是「輕快」。

我希望「盡可能保持舒暢」。人生想要複雜，可以無止境地複雜。相反地，簡單生活看似簡單，但反而很難做到，所以我希望生活保持「舒暢」。這種想法從我拿到人生地圖的那一天起，就不曾改變，我相信以後也不會改變。

「輕快生活」，和輕快的感覺很相似。

隨著時間的累積，擁有的東西會不斷增加。這是一種幸福，但有時候也會思考，「我真的需要這些嗎？」

之前輕鬆拿在手上的東西可能漸漸變得沉重，經過一番努力才得到的東西，以後可能不再需要了。起初自己可能沒有察覺這種變化，即使發現了，可能也無法立刻放手。

這種時候，只要想到「輕快生活」，心就會動起來。當小聲地說出口時，心情就會變輕鬆。

漸漸地，就可以分辨出自己需要和不需要的東西，對於自己不需要的東西，也能捨得放手。因為心裡很清楚，以後的日子，輕鬆、輕便更理想。

很多事都和以前不一樣了。努力保持「輕快」，可以成為認清自我的契機。

我心目中的「輕快」，是怎麼一回事？把想到的事一一記錄下來，就可以了解「我的輕快」是怎麼一回事，那是自己往後的人生地圖，也是繼續邁向人生旅途的新指南針。

這張地圖上也畫出了至今為止走過的路。原本以為自己走在筆直的路上，結果發現曾經繞過好幾次遠路，也曾經停下腳步。當初走得很辛苦的荊棘路，回首前塵，發現原來是一段快樂時光。邂逅、離別、相遇，交錯的地點。地圖上留下了很多足跡，那是一張美妙的地圖。

手上只留下自己有能力捧住的東西，從今往後，要「輕快」生活，好好珍惜在走過的歲月中體會過的悲傷和痛苦，為生命增加厚度。我希望日後的「輕快」生活，就是這樣的「輕快」。

3 妥協

最近，我經常想到「妥協」這個字眼，還有雙方「互讓」、「各退一步」。我並不認為這是壞事，相反地，反而是一件美好的事。

我在說「妥協」時，通常代表「向自己的人生妥協」的意思。沒錯，並不是向別人妥協，而是向自己妥協。

我很不擅長向自己妥協，恐怕還要再努力一段時間，才能真正做到這一點。因為生活中有很多事讓人無法輕易妥協。

無論在日常生活中、工作上，還是人際關係中，常常有很多不順遂。

現在我漸漸學會用委婉的方式說出這些不順遂，努力讓對方了解，但也是這一、兩年，我才能做到這一點，以前我往往對自己過度坦誠，或是不敢說出口。

雖然坦誠是優點，但必須「視時間和場合」。所謂「一言既出，駟馬難追」，話一旦脫口，就無法再收回來。「感受」固然重要，但「如何處理」自己的感受和情緒也很重要。如果不考慮後果，直接把自己的感受和情緒說出來，最後就會導致傷害他人，也可能傷害自己。

我認為成為一個成熟的人，並不是對任何事都麻木不仁、無動於衷，也不是做任何事都無懈可擊，更不是輕言放棄，而是「相互接納」。我認為這就是「妥協」。

除了要接納他人，首先必須接納自己。人往往無法接納自己。

人無論活到幾歲，都不可能對人生百分之百感到滿足，而且正因為不滿足，所以能夠湧現更上一層樓的原動力。更何況無論滿足或是不滿足，人生都要向前走。有一天，我突然發現，「無論肯定自己，還是否定自己，人生都繼續向前，既然這樣，當然要肯定自己。」

「首先，接納自己的人生，向自己的人生妥協。」

每個人都有好幾個面向，有溫柔，有堅強，有脆弱，也有嚴格。在日常生活中，有時候無法做到理想中的自己，有時候也會停下腳步沮喪。只要活得久，就會面對生離死別，也許會遇到一些懊惱的事，覺得「沒想到會這樣」。「此時此刻，身在此處的自己」，和「內心深處的自己」，以及「在社會生活中的自己」都是自己的一部分，這些自己共同打造出完整的人生。

即使覺得「那不是我……」，但其實也是自己的一部分。既然這樣，不妨認同、接納自己。無論是好事還是壞事，都完全接納，編織進人生這條歲月的長河之中。我深信，一旦編織進去，日後就會變成美麗的圖案。

「妥協」的日文是「折り合う（o-ri-a-u）」，據說這個字眼原本來自賽馬，賽馬聽從騎手的控制和命令的狀態，稱為「折り合う」。在長跑比賽中，騎士必須運用策略操控賽馬，和想要拚命往向衝的賽馬之間達成妥協，才能夠發揮出最好的成績。

從某種意義上來說，人生或許也是一場「長跑比賽」。只不過這場比賽沒有勝負，每個人按照自己的節奏，活在各自的歲月中，沿途向內心湧現的感情和遭遇的事妥協，用自己找到的姿勢持續奔跑。

4 重拾

最近，我開始想要「重拾」小時候曾經學過的鋼琴。我坐在朋友的車上時，聽到鋼琴的樂曲，音樂聲似乎敲開了我的心門。

當車子穿越夏日的森林時，鋼琴的旋律彷彿把風景變成了音符，傳進我的心裡。就在那個剎那，我重新發現「原來我喜歡鋼琴的聲音」。雖說是「重新發現」……但也許是全新的發現，因為我從來不知道，鋼琴的聲音可以如此深入傳遞到我的內心。

「我想要重拾……」

最近，從好幾個朋友口中聽到這句話。有人想要投入自己喜歡的興趣愛好，有人想要重回工作崗位，也有人想要出門旅行。總之，有好幾個人想要重拾一度放棄、一度淡忘的事。

年輕時就有了小孩子的人，可能是因為養兒育女已經告一段落；一度辭去工作的人，可能學會了用不同的態度對待工作。旅行的方式也和以前不樣了。

身強力壯、精力充沛時，和有了一定年紀的現在，有很多地方不一樣。比方說，在以前的日子，「為別人奉獻」、「以家人為中心」的意識總是如影隨形，揮之不去，如今終於能夠稍微擺脫這種想法。一方面也是因為遠離了競爭，所以重拾的目的也許不再是為了追求「出色」，而是為了尋求「樂在其中」。總之，稍微改變了前進的方向，這也許就是五十歲這個中間點的特色。

當我發現自己喜歡鋼琴的音色後，想要「再一次學鋼琴」，但並不是像小時候那樣，從《拜爾鋼琴教本》開始學起，只是為了能夠彈出幾首自己喜愛的樂曲。

最好是優美輕快而又簡短的樂曲。這也是大人才能夠作出的選擇。

目前我雖然還沒有開始學鋼琴，但經常聽鋼琴樂曲。有時候向朋友打聽以前曾經聽過、留在記憶中的優美樂曲，或是聽朋友推薦的音樂家的作品。

早晨醒來時，下午喝茶、吃點心時，夜晚入睡之前的短暫時刻，鋼琴的旋律總是圍繞著我。

5 大人問題

即使到了我目前的年紀，仍然不時會思考，「到底怎樣的人才能稱為大人？」這個問題。於是我知道，「大人問題」是任何年紀的人都會思考的問題。二十歲時，會有二十歲的疑惑；四十歲時，又會有四十歲時的疑問；即使到了五十歲，仍然搞不懂「到底怎樣的人才能稱為大人？」。

年輕時以為，一旦成為大人，就可以兵來將擋，水來土掩，對任何事都能夠應付自如，但漸漸發現「並不是這麼一回事」，有時候會深深嘆息，但有時候也會露出苦笑，發現自己原來根本還沒有成為大人。

我在十幾歲時曾經以為，一旦成為大人，就能夠輕鬆化解人生的難題，從容面對社會生活，不會像年輕時那樣杞人憂天、胡思亂想……

現在回想起來，很納悶當時為什麼會有這種想法，因為在我小時候，我周遭的大人並不是每一個都活得這麼瀟灑。

每個人都有各自的煩惱，所謂「大人」，而且是「理想中的大人」根本是一種幻想。

但是，比起二十多歲時，現在的我的確漸漸變成了「大人」。以前面對事情，只能看到一個角度，或是只能從一個角度看問題，不知道從什麼時候開始，能夠從不同的角度看問題。

讓我感到生氣的事比以前少了很多，雖然會思考，但不會胡思亂想，也不會自尋煩惱。這樣的改變讓人心情舒暢。

也許是因為「不再敏感」的關係，但是，我認為是自己學會了「輕快、輕鬆過日子」。這種「輕快」，也可以換另一種方式來表達，那就是成為大人之後，了解到凡事都可以有多種不同的選擇，也能夠設身處地，從不同的角度思考問題，更能夠為他人著想。

人生的學習永無止境。即使以為自己知道這個道理，過了一段時間之後，就會再度體會到一山更比一山高。當攀登上一座高峰時，才會發現自己以前的認識多麼膚淺，於是就會再度邁開步伐。人生就是不斷經歷這樣的過程，正因為如此，人生才有趣味，才會讓人不斷走下去，有時候也會停下腳步。

有一句話，我時時刻刻銘記在心。那就是——正確行為和錯誤行為的盡頭，都是同一片原野。讓我們在原野上相見——我認為所謂「大人」，或許就是能夠站在那片原野上。那是一個溫暖、和平、讓人能夠安心的地方，是一個原諒和被原諒的地方。原野——能夠站在那一片原野上，或許才是真正成為「大人」的第一步。

6 保持笑容

當我們停下腳步，遇到必須思考的事時，往往必須作出選擇。這種時候，我會選擇能夠讓自己「保持笑容」的選項。選擇能夠讓自己現在保持笑容，在不久的將來，能夠繼續保持笑容的選項。

遇到煩心的事、遇到必須說服自己勉強接受的事時，我首先會問「自己」，我真的需要這麼做嗎？如果覺得「算了，沒關係」，那就願意接受；如果會讓自己鬱悶，就會選擇其他選項。

心情、手上拿的東西或身上背負的東西越輕，走路時就越輕鬆。當年歲越大，時間越久，就會越來越重視輕鬆走路這件事。如果能夠笑著走路，未來的路一定會很愉快。如果因為太愉快，笑得太開心，導致眼尾出現魚尾紋，那是一件多麼美好的事。

7 原諒與被原諒

時間流逝……具備了能夠解決各種問題的力量。即使無法徹底解決，至少能夠淡化痛苦和悲傷。

有些傷痛的確無法消失，但回想的次數會隨著時間的流逝而減少。人類就是用這種方式走過傷痛，原諒、重生，然後再原諒。

如同我們會原諒他人，別人也在不知不覺中原諒了我們。我不知道從什麼時候開始有了這種想法，不知道是不是年歲增長的關係？雖然我知道人的成熟並不是只靠時間，但時間仍然能夠帶給我們某些力量，讓我們看清自己的內心。

並不是只有我一個人在原諒。當了解這件事後，就會發現這個世界更充滿了光明。

8 讓時間成為助力

我覺得，年歲增長的最大魅力，就是藉由經驗，讓自己變得更充滿餘裕。我認為的餘裕——就是恬靜和寬容。在必要的時候，用必要的話語和行動表達；了解這個世界上，有些事情和感情就是無解，同時，了解到時間可以解決自己遇到的問題。我認為精神的世界，能夠隨著歲月的累積而增加厚度。

時間很奇妙。雖然二十四小時、一小時、一分鐘的時間單位很固定，但在現實生活中的時間流逝，會隨著不同的時間和環境發生改變。「別人的個小時」和「我的一個小時」不一樣。

所以，我認為「我現在幾歲」這件事並不是那麼重要。

每個人都擁有各自的時間，在各自的時間中經歷各種事，在內心沉澱，走過這段時間之後，留下某些東西。我認為，最重要的是最後能夠留下什麼。

雖然失去很多，但如果能夠因此漸漸得到餘裕，就把焦點轉移到自己得到的事情上。這不是能不能做到的問題，而是願不願意的選擇。

即使決定要這麼做，想要擺脫多年來養成的習慣和思考方式並不是一件容易的事。即使這樣，仍然要付諸行動。嘗試之後，如果做不到，就再度嘗試，也許久而久之，就真的做到了。這就像小時候學騎腳踏車一樣，一次又一次練習之後，在某個瞬間，突然就學會了。那一天，一定會出現。

9 像那個人一樣

在長大成人的過程中，有一個「我想要成為這樣的大人」的榜樣很重要。我有好幾個「想成為像這樣的大人」的榜樣，可能是很希望擁有像那個人一樣……的生活方式、思考方式，和對待事物的看法，也可能是那個人的整體感覺令我感到羨慕，或是覺得那個人的生活很圓滿。

其中有幾個是只能透過文字、影像和作品了解的人，還有幾個是生活周遭，可以實際「見到」的人。即使有些榜樣離我很遙遠，我仍然能夠從遙遠的地方接收到某些東西；近在身邊的人，可以在身邊帶給我某些東西。

人和人之間，都是在相遇之後逐漸了解，在這個過程中，逐漸長大成人。我認為大人無關年齡和身分，而是取決於那個人「做到幾分真實的日己」，這和年滿二十歲，或是結了婚、有了小孩這種社會性的歸類方式不同，而是另一種層次的大人，所以，遇到「理想中的大人」很重要。能夠遇到讓自己覺得「也許這種人，才是真正的大人」的人，能夠大大拓展自己的世界、價值觀和自由。

有時候，我會想起自己的榜樣。

當遇到問題時，想像「如果是那個人，或許會這麼做」；心情沉重時，閱讀榜樣所寫的文字，就可以重新振作；有時候看榜樣的照片，就能夠堅定自己的決心。

如果成為自己榜樣的人就在身邊，就可以相約見面、聊天，喝茶、吃飯，近距離感受對方散發出的毅然氣氛和心情暢快的美麗。這種時候，就會覺得「嗯，出色的大人真的很棒」。

年長的人讓年輕人覺得「長大成人真不錯」，就是一項可以留下、傳承的東西。看到五十歲的人活得很精采，就會期待自己的五十歲；看到六十歲的人活得很輕鬆，自己也會想要學習輕鬆過日子；看到七十歲的人能夠接受人生的喜悅和悲傷，也許會覺得時間的流逝並不可怕。

在覺得「希望像那個人一樣」的瞬間，就可以從榜樣的身上接收到「勇氣」——

五十歲，已經足以算是大人了，既可以傳承，也能夠接收。並非只有傳承，或是只有接收，而是兩者並行。五十歲，就是這樣的年紀。

10 盡可能保持整潔

我向來自我要求自己的房間、衣著打扮、自己本身，還有心情和選擇，都「盡可能保持整潔」。「盡可能」這種程度剛剛好，既不是絕對，也不是完全放棄，而是盡力而為……這種感覺，就是我的「盡可能」。

有時候無法如願，這也是理所當然的事。雖然明知道這樣的道理，但身心往往無法接受。

人生有起有伏，有些山頭輕鬆走過，有些高峰卻難以攀登。所以，只要盡力而為，「盡可能」就好。

整潔的日文是「綺麗（ki-re-i）」，「綺麗」這兩個字中包含了很多意思。清潔、美麗、清爽、純潔，可以從中尋找自己想要的「綺麗」。

有了一定的年紀之後，往往會將「盡可能」往對自己有利的方向解釋，這個嘛，也沒什麼不好。即使如此，我仍然覺得盡力而為就好。

THE ALPHABET
OF CREATION

11

身體發生變化時

有些年齡時，身體會發生變化。

過了那段時期，身體就會恢復原狀，但身處漩渦之際，有時候會感到很痛苦。這種時候，往往是改變的機會，或是讓我們了解到變化的發生。

不妨重新檢視之前的飲食和習慣這些日常生活中一些理所當然的行為，如果身體沒有發生變化，我們往往不會花時間檢視自己的生活。同時，無論是否有明確的病名，都要接受「身體狀況不佳」這個事實。

如果可以，不妨向自己的親朋好友詳細說明自己的狀態和感覺，讓對方了解。在說明的時候，必須保持心情平靜，安靜地訴說，不要責怪、埋怨。周圍人的理解可以讓身心大為放鬆。

經過一段時間之後，就會找到自己的解決方法和相處之道，得以與改變的身體和睦相處，適應了身體的變化。完全不需要自責，必須了解到，這種情況也是伴隨年歲增長而來的一部分。

我比以前更關心身體的感覺，盡可能不讓自己處於身體（還有心靈）容易緊張的環境。舉棋不定時，就會選擇不會造成自己緊張的選項。為此，就必須了解自己在緊張時和放鬆時的狀況。

方法很簡單。閉上眼睛後想像那個場景，想像自己在那個場景中，一旦感到緊張，就放棄這個選擇。如果同時有好幾個選項，就選擇最能夠讓自己放鬆的選項。

人在放鬆的時候，才能夠發現自己曾經陷入緊張的狀態，所以，不時刻意自我放鬆很重要。

身體比腦袋（知識）更誠實，盡可能讓自己的身體保持誠實的狀態，才能夠傾聽逐漸變化的身體所發出的聲音。

12

調養——飲食、步行、睡眠、呼吸、信賴

隨著年齡的增長，需要調養自己的身體，但如果要做一些特別的事，或是使用昂貴的補品，往往很難長久持續。每個人可以採取自己力所能及的調養方法，「非如何不可」的事項越少，每天的生活就可以越簡單。

我的調養方法就是「飲食、步行、睡眠、呼吸和信賴」。只要能夠在某種程度上做到這五件事，就不需要做任何特別的事。

飲食盡可能使用當令食材，使用長時間製作的調味料快速烹飪，細嚼慢嚥，飲食不過量。至於睡眠，則是選擇可以安心的場所，能夠在晚上十點到凌晨兩點之間進入深眠。

步行時，將視線保持在前方，意識集中在身體的中心（丹田）。有時候

是為健走而走，有時候則是趁出門採買時，順便繞一點遠路。

呼吸時，用力吐氣，然後深呼吸。有時候會發現自己呼吸很淺，所以一天之中，隨時提醒自己要深呼吸。

最後是信賴。信賴自己的身體，雖然看不到，但學會感受身體，絕對不要和身體作對，也不要和疾病作對。當身體有不適之處，就學習和睦相處，不要說任何會傷害身體的話。

如此，不僅可以建立起一天的節奏，經過漫長的時間，能夠逐漸調整認識身體、和身體相處的方式。

身體每天都在意識無法顧及的地方努力讓自己變得更好，我所能做的，就是不要妨礙身體的這種努力。

雖然很容易忘記這五件事，但無論何時，無論身在何方，都隨時可以付諸行動。我不時提醒自己「飲食、步行、睡眠、呼吸和信賴」。

13 身體的姿勢，心靈的態度

有時候在路上和人擦身而過時，會忍不住回頭多看一眼。通常都是一些姿勢很挺拔的人，有的人走路有風，有的人看起來心情很愉快，有的人渾身散發出毅然的感覺。這種時候，就會再度體會到，姿勢很重要。

之前曾經有人對我說：「一旦決定要『這麼做』時，身體就會轉向那個方向。」身體可以隨著想法改變，而且不光是身體，心靈也是如此。身體的姿勢和心靈的態度，都完全取決於自己，所以，有時候我會思考……自己該保持怎樣的姿勢？

我的記事本上寫了很多東西，除了當下的狀態，還有希望自己牢記在心的話語，以及理想中的自己。有時候想到時，會拿出記事本，看自己寫的這些內容。

我總覺得，一旦訴諸文字，就離自己更近了。容易忘記的事也可以記住心上，從「現在的感覺」到「日後的期望」，也可以了解到，時間宛如一條長河，以「現在」為軸，川流不息。

記事本上當然也有關於「姿勢」的內容，容易被遺忘的事，和認為麻煩的事（「麻煩」這兩個字具有可怕的力量）都記錄下來。

姿勢挺拔的人最吸引人的地方，就在於整體散發的感覺很優美，他們一定抱著「我想要這樣生活」的信念。保持良好的姿勢需要某種程度的「意志」，不知道有多少次，當我回過神時，發現自己彎腰駝背……但是，只要有意識地在這件事上努力，就會漸漸成為日常的習慣。這種魅力將可以超越年齡和性別。

姿勢、身體的方向、心態和看待事物的方式想要朝向哪個方向，都取決於視線前方的風景。能夠從中看到什麼？想要從中看到什麼？即使現在看不到，只要知道自己想要看到什麼，就可以看到。就好像和走路有風的人擦身而過時，彷彿可以看到他前方的風景。

14 偶爾一日

每個人都有感到疲累的時候，這種時候，我會讓自己放鬆一整天。雖然無所事事會讓人心生罪惡感，但不妨承認，每天以相同的節奏生活很困難。拋開一切煩惱，在床上滾來滾去睡一整天，充分休息，不需要有任何愧疚感。

無論身體和精力都不如以前，現在是現在，任何人都有身體狀況不理想的時候，因為我們是活著的生命，所以這是很自然的事。

感到疲累的時候，不要勉強自己，不要硬撐，努力尋找走過低潮的方法。發揮一點勇氣和智慧，讓年歲的增長更愉快。

很久很久以前，曾經在一家修道院聽到這句話——「好好對待你的身體，讓你的靈魂想要在你的身體內安住。」

15

保養，讓身體維持理想狀態

我在四十九歲時，接受了魯爾夫治療法*。雖然我很早之前就產生了興趣，但因為一個療程進行十次矯正，需要耗費相當的時間和費用，所以一度猶豫。後來認為正因為到了一定的年紀，更需要接受治療，於是下了決心持續接受治療。從春天時開始，一直到初秋季節，桂花飄香時，才終於完成整個療程。

接受魯爾夫治療之後，最大的變化，就是不需要像以前那樣，每個月都要去整骨、針灸。雖然在接受魯爾夫治療之前，治療師就這麼告訴我，沒想到真的能夠做到。

即使有時候感到某些部位不太舒服，只要持續深呼吸，將意識集中在身體上，信賴身體，好好睡覺，隔天或是幾天之後，有時候甚至當天就可以恢復。我不知道身體經過了怎樣的變化才能夠做到這一點，但結果就是如此，完全不需要再做其他事。

這種變化很重要，在將意識集中在身體上時，可以用稍微寬廣的感覺去感受身體，最重要的是，不會再產生不必要的擔心，也能夠信賴自己的身體。

在此之前，我也很信賴我的身體，但現在回想起來，在接受魯爾夫治療之後，這種信賴更加深入。

當身體疼痛或是不舒服時，有時候可能是意想不到的原因造成的。肩膀疼痛時，可能並不是因為肩膀本身出了問題，而是內臟和身體的習性，或是飲食、心理問題造成的。了解到身體各個部位都有緊密的關係之後，覺得更能夠和身體和睦相處了。

前一段時間，在接受魯爾夫治療的半年之後，我再度前往調整保養，又發現了新的問題。我打算之後即使沒有特別的問題，也要每半年就去診察一次。

在日常生活中，提升「讓自己的身體變得更好」這件事的優先順位，打造舒服自在的身體，相信身體會漸漸走向自己能夠接受的方向。真正需要的東西，就會在需要的時候出現在自己身邊。

※由美國生化學家愛達・魯爾夫（一八九六～一九七九年）所創、建立在解剖學和生理學基礎上的身體矯正方法，該治療方法認為，「均衡的身體」是指和重力協調的狀態，治療時，十次為一個療程，但不同的治療師進行治療的順序不同。具體方法就是藉由按摩筋膜，讓身體各個部位恢復原狀，激發各個部位的協調，打造「和重力協調的身體」。魯爾夫治療法並不是對症治療法，而是從根本調整身體的狀態。

16 飲食、生存

在邁入三十歲之前，我體會到飲食可以改變身心狀態這件事。雖然在此之前，我就隱約了解到飲食能夠改變身體，沒想到心理狀態也會因為飲食而發生變化。即使經過了很多年，現在我仍然認為了解這件事非常重要。

如何吃、吃什麼才能夠活得更健康？如今，相關資訊已經氾濫成災，從「吃這個有益健康」到「這種食物對健康有負面影響」，有各種不同的論調，而且不斷推陳出新，這種時候要用「這種食物」，那種情況下建議攝取「那種食物」，如果照單全收，「必須吃」的食物根本都吃不完。

這種時候，我就會認為「飲食代表了生活方式」。該選擇吃什麼？又該如何吃？到底該相信哪些資訊？

資訊會隨時發生變化，無法以「正確」或是「錯誤」一概而論，因此，每個人必須視自己的實際情況決定。

我的飲食以蔬菜為主，雖然有一段時間完全不攝取任何動物性食物，但目前有時候會吃魚，也會吃少量肉類。有時候會吃加了砂糖的甜點，也會喝加了大量牛奶的歐蕾咖啡。目前，我重視「身體」的感覺更勝於「資訊」。

即使是好吃的食物，或是有益健康的食物，過量攝取，反而會導致身體出問題，也可能導致心理狀態不穩定。但是，即使身體狀況不理想，只要飲食正常，再加上充分的睡眠，身體就會逐漸恢復。飲食協調，心理狀態也會逐漸協調，身體和心靈在深處密切相關。

如今，我不會去想「吃這個對身體不好」、「我竟然忍不住吃了」、「這個對身體比較好」，而是將意識集中在「吃得開心、吃得美味」。因為這麼想，會讓我心情比較舒暢，不必覺得「這個不行」，或是排斥和自己的不同想法的人，把焦點集中在能夠產生「共鳴」的部分，想著「一起享受美食的時光」、「打造我身體的食物」。

食物原本就具備了這種力量。我漸漸認為，食物是人類生存所不可或缺的東西，而不是審斷的對象。

隨著年歲的增長，對身體的看法，和身體之間的關係會發生改變，食物也會因此發生改變，有時候醫生也會提出某些建議，檢查和數值也會反映身體的狀況……這種時候，就需要重新檢討自己的飲食。將意識集中在身體上，當感覺和以前不太一樣時，可以隨時改變，也可以請教他人的意見。

我一直認為，「飲食，就是生存」。

Vitamix

17 實施減食日

不妨每週一天，或是一個月一天，根據自己身體的實際情況，實施減食日，讓內臟得到休息，讓身體睡得更安穩。

當年歲增長後，身體內部也會發生變化。正因為肉眼無法看到身體內部的情況，因為身體一天二十四小時、三百六十五天毫無停歇地工作，所以有時候要讓身體休息一下。即使白天像平時一樣正常飲食，不妨在晚餐改喝粥；如果平時經常吃甜食，這一天可以改吃水果乾或是水果，或是留到隔天再吃；也可以在減食日喝蔬菜汁、蔬果泥和熱茶。

當內臟得到充分的休息，感覺變得敏銳之後，就更容易傾聽身體的聲音，同時，心情和想法也會變得更開朗。

18 吃飯的姿勢

我很崇拜那些吃飯時，姿勢也很挺的人。崇拜……應該說是喜歡。

吃飯的時候，挺直身體，氣定神閒地面對食物。和工作上合作的對象一起吃飯、和好朋友一起吃飯，或是家人吃飯，無論是繃緊神經的場合，還是彼此可以放鬆的關係，都需要某種程度的禮儀。

餐桌禮儀可以從小學習，但也可以在長大之後自學。憑自己的意願主動學習，比成長的環境更重要，即使不知道餐桌禮儀的詳細規矩，只要「挺直身體」、「不蹺二郎腿」，印象就會大不相同。

以前學茶道時，曾經有多次機會參加新年的第一次茶會。穿上和服，繫上和服腰帶後，身體自然就會挺直。而且也了解到，把碗端起來吃東西，和服的袖子就不會碰到食物。因為繫了和服腰帶的關係，身體無法前傾，在吃日本料理時，就要把食物拿到自己面前。這樣的餐桌禮儀「很合理」。

越是深入了解茶道的步驟，越會發現這些步驟都是經過精心設計，動作才能如此優美而富有效率。

西餐有西餐的規矩。高中時，曾經有一堂課的內容是「去飯店學習餐桌禮儀」，雖然當時只覺得「能夠去吃美食很開心」，但在出社會後，才發現那一堂課多麼寶貴。也許現在重新去學習餐桌禮儀也不錯。

我不時想起茶道老師雖然有一定的年紀，但吃飯的姿勢很優美。毫不拘謹，卻很優雅。事後才體會到，正因為自己吃飯時，很容易渾身都很放鬆，所以遇到這種榜樣很重要。因為禮儀是為了別人，也同時是為了自己。

19 漸漸適合自己的東西

忘了什麼時候，在鬧區的某家咖啡店，看到一個年紀和我相仿的女人站在收銀臺內。她的年紀大約在四十五歲到五十五歲之間，她把一頭白色長髮高高地綁成馬尾，髮梢微鬈，豎起白襯衫的領子，繫了一條成為那家咖啡店主色調的深綠色圍裙。

她實在太美了，我在點咖啡的同時，目光忍不住盯著她。

無論一頭白髮、髮型、姿態和聲調，全身上下都讓我很想向她請教。在每個人都追求凍齡的時代（男人或許也一樣），很多人都會把白髮染黑，但那個女人反其道而行，而且很適合她。

當她送咖啡上來時，我忍不住對她說：「妳的頭髮真漂亮。」她略微驚訝的表情很可愛。我覺得像她那樣的女人，不知道帶給我多大的希望。說

「希望」或許有點誇張，要怎麼說呢，總之，會讓我覺得「嗯，沒問題」。

去國外時，經常可以看到上了年紀之後，仍然優雅出色的女人。雖然無意模仿所有人，但看到在海灘穿著比基尼的人、身穿飄逸洋裝的身影、光著腳在草地上放鬆的人、拎著籃子，開心地在市場購物的身影，覺得她們自信的身影很有魅力。

歲月會在每個人身上累積，皮膚的狀態會改變，頭髮也會變白，指甲、體型、聲音和心情也會發生變化。能不能享受這些變化，或許決定了如何接受這些變化的態度。

我在四十五歲之後，開始使用天然染髮劑染髮。和化學染髮相比，天然染髮耗時費工。雖然也可以自己動手，但我目前每個月都會去髮廊染一次。

如果不染髮，我的頭髮已經白了很多，但我目前還希望自己維持一頭黑髮的感覺。為什麼呢？也許是因為我還無法想像自己白髮的樣子。也許在某個時間點，某個契機之下，我會停止染髮，只是目前還不知道會是什麼時候、怎樣的契機讓我作出這樣的決定。

變成白髮，買衣服時應該可以挑選一些以前不曾嘗試的顏色，也可以嘗試新的化妝方式。可以把一頭白色長髮綁起來，剪成超短的髮型也不錯，搭配色彩鮮豔的首飾應該很漂亮，到時候可以和以往不同、全新的自己，也許這種「全新」的感覺會讓我樂在其中。

20 舒服的寬鬆

不時看到有人認為，為了避免身體鬆懈，「不要穿寬鬆的衣服」。我的情況剛好相反，幾乎所有的衣服都很寬鬆。我最喜歡的就是沒有腰身的洋裝，沒有任何合身的線條，無論材質和款式都很輕鬆舒服。即使不小心吃太多，衣服也不會變緊。雖然偶爾需要適度的壓力刺激自我，但會成為負擔的壓力只會造成反效果，寬鬆舒適的衣服無論對身心和體型都比較好。

身體隨時努力讓自己更好，所以，為了吃太多而煩惱，和維持良好身材這種事，只要交給自律的身體，自然就會向好的方向發展。人生需要留有一些空白，身體和服裝也需要自由。

我很希望一年四季都可以穿洋裝和海灘鞋，這種「寬鬆」的感覺很適合我。

21 不同場合的白色衣服

我經常穿白色的衣服。白襯衫、白裙子、白色洋裝、白色長褲、白色T恤，還有白色毛衣。衣櫃裡的衣架上，有好幾件大同小異的白色衣服。

我不記得自己從什麼時候開始喜歡穿白色衣服，只是有一天發現自己有很多白色衣服。很多人覺得白色衣服很難「伺候」，但我覺得白色是屬於我的顏色，白色本身具備的力量很迷人，而且也很容易搭配其他顏色，應該是因為這個原因，導致我的白色衣服越來越多。

但有一個問題。喜歡並不等於適合。

以前曾經適合自己的東西，是否無關年紀漸長，都會一直適合自己？相信很多人憑經驗知道，並不是這麼一回事。

即使體重沒有改變，身體的線條卻和以前不一樣了。說得好聽點，就是變得豐腴，說得實際一點，就是線條不再俐落。以我個人為例，無法將洗乾淨的襯衫或T恤直接穿在身上，有時候也要考慮材質。

在穿白色衣服時，即使是T恤，也都會熨燙之後再穿，即使是甘地布（印度的手織布）和亞麻布這些不需要熨燙的衣服也一樣。和以前相比，我在穿上身之前，都需要多這道步驟。

我挑衣服時，都會盡可能挑選柔軟，感覺不會太厚重的布料。以前，只要中意顏色和款式，就會毫不猶豫買回家，如今更注重手感、材質，希望穿在身上感覺輕盈、俐落。

現在市面上有些喀什米爾的衣服價格也很親民，也有棉和蠶絲混紡的材質，薄質的喀什米爾可以讓身體的輪廓更有女人味，一年之中可以穿三個季節，非常方便實用。棉和蠶絲混紡的材質比純棉材質更柔軟，穿在身上也更舒服，既可以單穿，也可以作為內搭。這種沉穩的衣服更適合日常穿著。

年歲增長之後，無論心情、外表和動作都漸漸變得平和沉穩，這種時候，白色就可以為心情和姿態增添暢快。我覺得這種「暢快」很重要。

穿上衣服時，心情很暢快；情不自禁抬頭挺胸；吹來的風也格外暢快。

我相信這必定是「白色的力量」。

22

量身訂做

我發現自己一直都在配合周圍，從一些小小的約定到社會的規則，有時候甚至別人沒有表達任何意見，卻被自己創造的自己所束縛。到了這個年紀，也許是擺脫這些束縛的時候了。

最讓我感到不自在的，就是每天穿的衣服。有一天，我在穿衣服時，突然有一種不太對勁的感覺。前一天還完全沒有任何感覺，但那天覺得自己身上的衣服又重又硬，渾身都感到不自在。

我在用甘地布請人為我訂製衣服後，才開始有這種感覺。我不時去的那家店，就在走路可以到的距離，大櫥窗內有很多用甘地布做的衣服。

基本款式的樣品服都用衣架掛在店內，可以從中挑選自己喜歡的款式，再從陳列的甘地布中挑選自己喜歡的顏色和花紋。

雖然店內有基本的款式，但可以將袖子改成自己喜歡的長度，也可以要求裙子做得稍微長一點，或是多打幾個褶。我第一次造訪時，忍不住覺得「這家店太棒了」。

每個人的體型都不相同，即使身高相同，骨骼大小、手臂長度、腰圍大小……都不一樣，世界上找不到兩個體型完全相同的人。但是，成衣的尺寸都固定不變，於是我們只能去配合這些成衣的尺寸。因為一直以來都是如此，所以我也認為「就是這麼一回事」，視之為理所當然。

穿過為自己量身訂做的衣服之後，就知道那種感覺有多舒服。雖然喜歡這個款式，但裙子太短了；真希望再寬鬆一點；這裡改成這樣，就會感覺很清爽；真希望還有其他顏色……只要稍微修改一下，竟然就實現了以前的任性願望。

曾經有一段時間，我找不到自己想穿的衣服。外面賣的衣服和我想要的衣服、適合我的衣服有很大的落差，即使出門逛街，也看不到中意的衣服，經常兩手空空回家。自從發現了甘地布的衣服後，我又重新找回了打扮的樂趣，「沒錯沒錯，這就是我要的感覺」、「打扮自己果然很開心」。

位在走路可以到距離的那家店，代表熟悉這片土地，了解氣溫和濕度等氣候因素，和周遭環境流動的氣氛。

這裡每到夏天，就有很多人穿海灘鞋，皮膚也都曬得很黑。傍晚時分，涼爽的海風吹來，時間緩慢流逝。在這種環境生活、生存的人，似乎真的更適合輕鬆舒適的衣著。

我覺得至少在衣著問題上，可以為自己量身訂做，穿上我愛的款式和顏色，按照我的尺寸做的衣服。

隨著年紀的增長，越來越知道適合自己的衣服，也許並不需要很多衣服。當能夠有這種想法時，在某種意義上來說，已經獲得了自由。

穿為自己訂做的衣服，衣服為自己而穿。也許可以從這件事開始做起。

23 對自己的肌膚負責

回想起來，和現在相比，年輕時反而曾經用了好幾種昂貴的化妝品，只是並不知道當時的肌膚是否需要這些化妝品。現在——從幾年前開始——真的越來越簡單，只有化妝水、乳霜和卸妝劑，偶爾使用按摩油。

我目前都使用有機品牌的化妝品，有持續使用多年的化妝品，有時候也會想嘗試其他化妝品，或是根據肌膚的不同狀態和季節，改變化妝品的品牌。

每天早晨都用溫水洗臉後，只擦化妝水。晚上卸妝之後擦化妝水，感覺有點乾燥時，再擦點乳霜。至於精華液之類的東西，每次拿到樣品時，就覺得「果然應該擦點精華液」，但現在完全不會自己去買。

卸妝時，都會卸得很仔細，而且沖得很乾淨。用手掌掬起溫水，沖洗五十次左右。沖洗的時候，手要由下而上。這是以前在電視節目中看到「有益肌膚的洗臉方式」時，覺得「有道理」之後，一直持續至今。我記得……那時候三十歲左右。

除此以外，偶爾在早晨做一下簡單版的印度傳統醫學阿育吠陀的按摩。將市售的白芝麻油加熱到即將沸騰，冷卻後，就可以作為按摩油使用。使用時，可以用隔水的方式加熱，然後放在手掌上，從頭（頭髮）按摩到腳。

加熱後的油擦在皮膚上很舒服，會忍不住深深嘆息，按摩油也會完全滲透進入皮膚。在全身按摩之後，等待片刻再洗澡。「等待片刻」是重點，但我每次都等不及，按摩結束之後，就立刻去沖乾淨了。即使這樣，在乾燥的季節，無論肌膚和頭髮都很滋潤，頭髮也很有彈性，身體根本不需要擦乳液。

市面上很容易買到芝麻油，而且價格也不會太昂貴。白芝麻油沒有芝麻特有的香氣，推薦大家在日常使用。

肌膚往往反映了一個人當時的狀態。除了年齡以外，精神狀態、身體狀態、飲食生活、睡眠、服用的藥物和思考方式都會影響肌膚。當精神壓力人時，肌膚的狀態也會變差。年齡和經驗告訴我，對肌膚來說，「如何生活」比「使用什麼化妝品」更重要，所以我希望能夠對自己的肌膚負起責任。

「我希望皮膚更白」、「希望沒有黑斑」……一旦這麼想，就會永無止境。我的皮膚總是曬得很黑，平時我不怕曬太陽，而且也很容易曬黑，從小皮膚就不白。反正已經和自己的肌膚相處了五十年，只能繼續相處下去，以後……希望也能夠用自己的方式，好好對待肌膚，繼續相處下去。

CASA FONDATA
NEL 1612
john masters organics

24 身體的角落

手指、腳和腳跟很容易看出年紀。忘了是什麼時候，我在指甲上發現了縱向的線條。那是年齡造成的。

我每週都會保養雙手和雙腳。

以前，我的指甲都剪得很短。自從有人告訴我，稍微留一點指甲可以保護手指之後，我就提醒自己不要剪得太短。

雙手很容易變得粗糙，所以洗碗的時候，都會戴上橡膠手套，隨時擦護手霜。無論是不是穿海灘鞋的季節，我都會仔細保養雙腳。

無論別人是不是會看到，我都希望「身體的角落」保持乾淨，當身體的角落很乾淨時，我的心情就特別好。

25 貼身衣物……

以前，曾經看過一位小說家在散文中提到，「絕對不在拍賣時買內衣」。那篇散文中，還有好幾項「絕對不做」的事，但不知道為什麼，我只記得這件事。也許是因為當時留下了深刻的印象。

我的內衣褲都挑選簡單的款式和同色系，每次都是去相同的店家購買。店家會記錄我曾經買過的內衣褲，尺寸、款式、型號和顏色，所以，想要買相同的內衣褲時，就可以放心購買，當相同的款式出了不同的顏色時，店員也會告訴我。

購買新款時，如果可以試穿，我一定會試穿。隔了一段時間沒買時，也會確認尺寸是否有變化。

有時候即使很喜歡某個款式，如果尺寸不合，就會立刻放棄。因為最貼近肌膚，而且每天都會長時間穿在身上，所以一定要挑選適合自己身體，符合當時心情的貼身衣物。

不需要買昂貴的貼身衣物，也不需要買很多，可以愛惜使用自己真正喜歡的，用了一段時間後，就汰舊換新……這樣的方式最理想。

我發現到了膚色變得黯沉，肌膚失去彈性的年紀之後，有更多適合自己的衣物。以前我不太敢嘗試太有女人味的貼身衣物，但隨著年歲的增長，就可以穿出自己的味道。正因為是現在這個年紀，所以才適合有女人味的貼身衣物。

雙手、雙腳保持乾淨，心情就會變好，貼身衣物也有相同的效果。

26 第一副墨鏡

在坐四望五的最後一年，我發現左眼有點看不太清楚，但只是偶爾而已，所以我並沒有放在心上。邁入五十歲後不久，明顯感覺到看不清楚了。

在光線很強的時候，覺得很刺眼，左眼看不清楚。我向來很少去醫院，但覺得「這應該去看一下」，於是難得去眼科看診。在接受幾項簡單的檢查後，等待醫生的診斷。醫生看起來比我稍微年輕一點，用開朗的語氣對我說：「是初期的白內障。」

才五十歲就有白內障，似乎有點早，但醫生說，有些人在四十多歲就有白內障的症狀了。我再度體會到，身體狀況和「因為目前幾歲了」無關，而是「每個人的身體都不一樣」。

雖然白內障可以藉由手術，在角膜的部分植入人工水晶體加以改善，但會影響眼睛的遠近調整，醫生並不建議我立刻動手術。雖然因為我平時開車，看不清楚會造成困擾，但既然醫生說「不需要馬上動手術」，而且我自己感覺還不至於太嚴重，所以決定暫時「靜觀其變」。

但醫生叮嚀我一件事，那就是「在光線很強的季節要戴太陽眼鏡，非戴不可」。

我沒有太陽眼鏡。因為……我戴太陽眼鏡不好看，但為了保護眼睛，為了看得更清楚，只能聽醫生的話。人有時候會因為意想不到的原因，需要某些東西。比方說，太陽眼鏡。

好了，該怎麼辦？我根本不知道要去哪裡買太陽眼鏡。左思右想之後，決定去偶爾會去逛逛的那家店看看。因為我覺得既然是自己平時喜歡的店，那裡的太陽眼鏡「或許有適合我的款式」。

那家店鬧中取靜，氣氛輕鬆，靜靜地播放著音樂，旁邊是一個大公園。

那天，我請朋友陪我一起去。因為我覺得即使試戴之後，也無法決定是否適合自己，所以邀朋友同行。

我看中了兩副形狀相同，顏色有微妙差異的眼鏡，輪流試戴之後，總覺得……有點難為情，鏡子中的自己好像是另一個人。二十多歲時，一直認為「大人才適合戴太陽眼鏡」，如今，我正站在「那個位置」。

最後挑選了一副長方形棕色的太陽眼鏡。如此這般，我在邁入五十歲後，買了人生第一副太陽眼鏡。

之後，會遇到不少需要和睦相處的……情況。同時也包括身體和心靈，那是和之前不同的變化，這次的太陽眼鏡事件，也算是其中一例。

自己第一次遇到的事，往往會覺得「很特別」，雖然每個人各有差異，但其實每個人都會遇到，所以不必想得太嚴重，但要做力所能及的事加以改善。不妨視之為一件新鮮事，好好樂在其中。

27

美好的事物

使用美好的東西，看美好的事物，聽美好的話。當身邊有很多美好的東西時，是了解「美好」的捷徑。

如今，人生走到了一個階段，我希望重新思考至今為止的美好，和從今以後的美好。因為我發現，除了以前認為很美好的事物以外，世界上充滿了更多美好的事和物，當有充分的時間注意到其他的事，自己內心有了餘裕之後，就能夠發現更多的美好。

有時候，能夠在歲月的累積中了解美好。

比方說，「如何過日子」和「生活」就是一例。

當看到某個人穿衣服向來很有品味時，起初往往只注重那個人的這一小部分而已，但是，久而久之，這種認識也會更加深入、寬廣，了解到對方的背景……

了解到對方的興趣愛好，對待工作的態度，喜歡的東西，和別人相處時說什麼話，早晨的生活，和社會之間的關係。當知道這一切之後，就可以了解那個人的生活和生活的重心。

當發現對方不光是衣著打扮的品味很「出色」，生活態度也很出色時，這種「美好」的感覺就會更加深入。

所有的一切都密切相關——任何一個面向都是許多面向中的一面而已，一件事中往往包含了很多事。

美好不光是自己的感受和想法，也同時需要有第三者才能成立。所以，我遇到感覺「美好」的事，對別人、對自己，都會不時捫心自問，當「美好」這兩個字可以舒服地進入內心時，那就是見識到了新的美好，這將在日後孕育新的美好。無論身心，還是靈魂，以及人生，都需要美好。

28
白色手帕

出門時，我都會在皮包裡放一塊白色手帕，而且必定是熨燙過的手帕。這是源於很久之前的習慣。

如今，即使不帶手帕出門也沒有問題，但我仍然習慣帶手帕。之所以選擇白色手帕，是因為可以漂白。手帕不太容易壞，只要好好使用，喜歡的手帕可以使用很多年。

我一直使用繡了我姓名縮寫的麻質手帕，牢固而有涼爽的感覺。我有好幾塊相同的手帕，而且使用了很多年，甚至覺得這幾塊手帕可能會在我手上變成古董。在日常生活使用的物品中，有一件這樣的東西似乎也不錯。我就是帶著這種想法，持續使用這幾塊手帕。

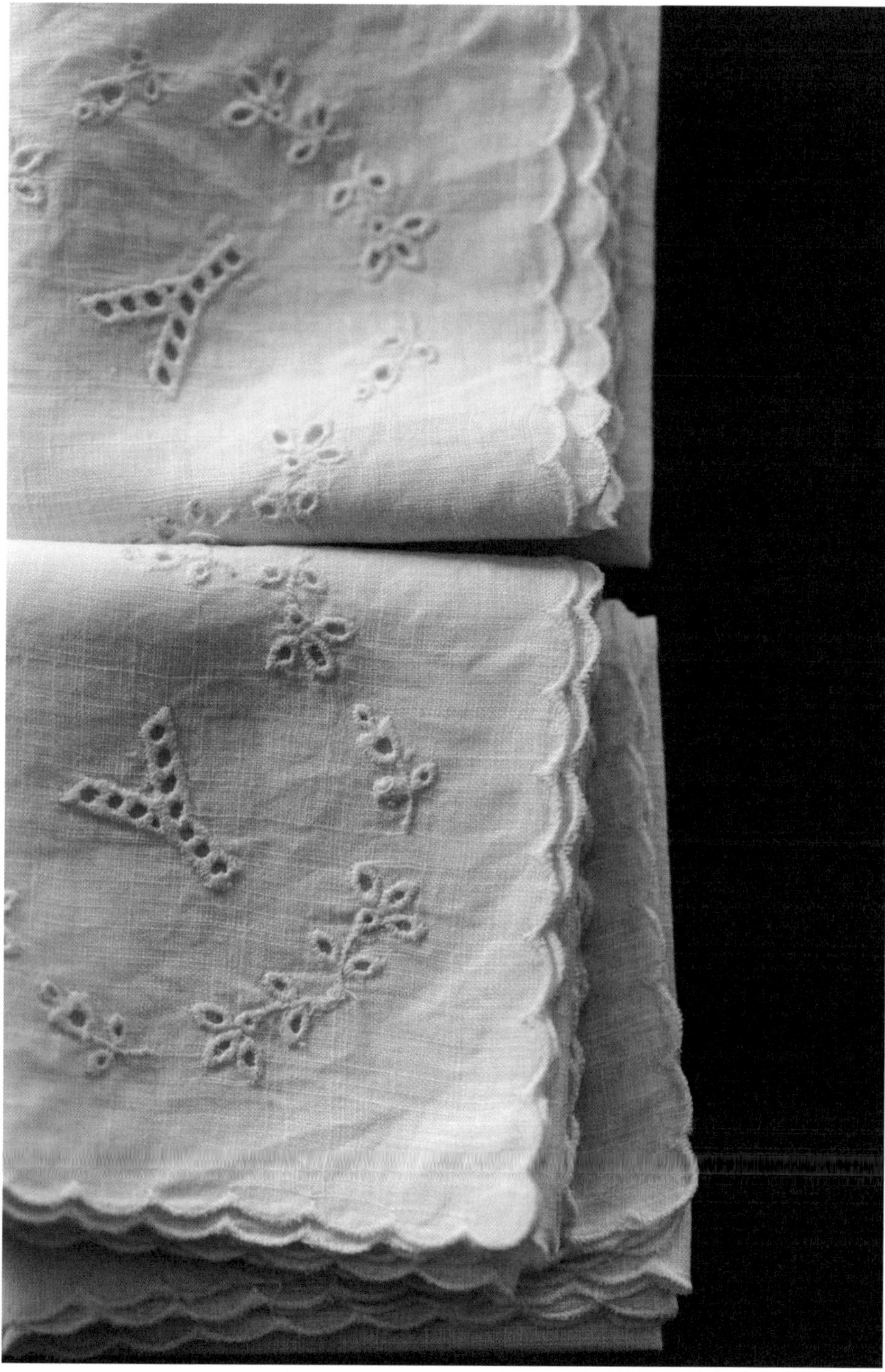

29

泡紅茶的時候

從十七、八歲時開始，我養成了每天泡紅茶、喝紅茶的習慣。

喜歡……固然是很重要的因素。因為喜歡，所以希望泡出好喝的紅茶，於是就會看書研究，有時候去學習，或是去紅茶店喝茶。

我曾經寫過「『非如何不可』的事項越少，人生的路就可以走得越輕快」這句話（我也的確這麼想），但我生活中不能沒有紅茶。出門旅行時，一定會把紅茶放進行李箱，即使出國在外，也經常喝紅茶。回到飯店時，先泡杯紅茶，喝杯紅茶後，心情才能平靜。隔天早晨也會燒開水，泡一、兩杯自己帶來的紅茶。仔細想一想後發現，我喝紅茶的歷史比工作的資歷更長。

在持續泡紅茶多年後，有些事逐漸發生了變化。泡紅茶時，是我「回歸自己的時間」。有時候可以讓我回歸原點，有時候滿腦子就只想著泡紅茶這件事。

以前會有「想要泡好喝的紅茶」的想法，但現在已經不會這麼想，只是按部就班，心情平靜地，一如往常地泡茶。如今，我都抱著這樣的心情泡茶，這種心情不是對別人，而是對自己，搞不好也不是對自己。當我發現這一點時，覺得「歲月真迷人」。

長期持續做某一件事，因此獲得的成長往往超乎想像，能夠注意到內心世界的某些東西，思考一些平時不曾發現的事，也能夠讓人了解自我。當感到徬徨、挫折時，也能夠保持自我。

人生過程中，有些時候需要「目標」和「目的」，但也同樣需要有放空的時間，和不需要理由，就可以持續做的事。

我在泡咖啡時，就和泡紅茶時不同，仍然想要「泡好喝的咖啡」。也許是我想要「泡杯咖啡」的時日尚短，也可能對我來說，咖啡只是偶爾喝的飲料而已。

紅茶是為自己而泡，至於咖啡——即使是泡給自己喝——也是為了別人。也許在我的潛意識中，有這樣的差別。

如今，我希望有朝一日，可以有一個喝紅茶的「空間」，可以用平時的茶杯喝紅茶的地方。可以獨自坐在那裡發呆，或是和朋友聊幾句，靜靜地坐在那裡看書。在日常生活中，擁有讓風慢慢吹的片刻。

人生偶爾需要這樣的時間和空間。

那時候，我一定徹底放空，只是按部就班地……泡紅茶。只有、只有雙手在動。

30

久違的香水

即將邁入五十歲的某個秋日下雨的早晨，我突然想到了「香水」。

最後一次買香水是在四十歲的時候。那是巴黎的一家英國店，一個手指優美細長的男人，把香水噴在試香紙上向我介紹。我記得他手上玻璃瓶中的魔水是百合的香味。

雖然剛買回來時，幾乎每天都擦香水，但我並不習慣擦香水，久而久之，就忘了那瓶香水，甚至忘了那瓶香水最後去了哪裡……那次之後，有將近十年的時間都遠離香水。

我平時都會使用芳香精油，最近還會自己製作蒸餾水，製成化妝水，或是製成室內噴霧。這些都是自然的芳香，也許是因為我需要的是自然的香氣，所以漸漸遠離了香水。經過了一段時間，那天早晨，我又突然想到了「香水」。

我每隔幾個月造訪一次的那家店地下樓層有許多有機的化妝品，我不時去那裡逛逛，補充自己需要的化妝品，同時發現新商品。我想到「那家店好像有香水專櫃……」，於是決定造訪，奇妙的是，出門時的心情有點雀躍。

那家店有一些使用純植物提煉製作的香水。

看著從清新的香氣到散發出成熟水果般甜味的多款不同香水，我並沒有東挑西選，猶豫不決，而是立刻挑選了自己喜歡的香氣。當時的我，已經不再是十年前的我。我選了一瓶散發出冷峻卻不失可愛香氣的香水，標籤上寫著「Rain」，是鈴蘭的香味。

以前即使買了香水，也常常忘了擦，或是覺得香味太濃，久而久之，就不再使用。但現在每天早晨都習慣在手腕上噴一點香水，有時候晚上睡覺之前也會噴一點。

深沉的香氣可以讓人深呼吸。

隨著年歲增長，可以修正以前的價值觀，發現以前不適合自己的東西，現在覺得很適合也是其中一例，也能夠接受一些以前感到害羞的事。

如今，可以輕鬆擺脫以前不喜歡的事物框架。事實上，除了自己以外，別人根本不在意這種框架，只有自己覺得「真不喜歡這樣，真是太討厭了」。

相反地，也會擺脫「非這麼做不可」的框架。成長的過程和以前所學的事，會隨著時間發生改變，這種時候，就可以消除原本的框架，於是就可以捫心自問，自己到底想要怎麼做。

久違的香水為我增添了新的色彩。香水果然是魔水。

Rain
New Creations

31

戴上回憶

我的首飾不多，這一、兩年才開始每天都戴首飾。為數不多的首飾，都是平時可以輕鬆戴在身上的飾品。因為我生活在海邊，這樣的感覺剛剛好。

在這些首飾中，我唯一珍惜的兩件首飾，就是母親遺留下來的珍珠項鍊和耳環。

珍珠項鍊是母親年輕時戴的，大小相同的乳白色珍珠已經差不多有五十年的歷史。珍珠本身也很漂亮，釦環上刻的「M」格外精緻，即使當年還是小孩子，我看到時，立刻知道「這是特別的東西」。珍珠耳環是相同的品牌，是我二十歲生日時，母親買給我的禮物。

現在，平常都戴一些輕鬆的首飾，但年輕時，幾乎每天都戴著珍珠項鍊和耳環。每次想起二十歲的我整天戴著珍珠項鍊這件事，就感到很不可思議。當時我穿的衣服比現在更成熟。

如果說，每個人內心都會有一個自己描繪的「大人形象」，年輕時的我所認為的大人，應該就是在日常生活中，也能夠駕馭高級珍珠項鍊的人。八成是這樣。

目前，我平時都戴淡水珍珠的項鍊，大小不一的小珍珠串在脖子上。

無論是那串珍珠項鍊，還是淡水珍珠的項鍊，我都很珍惜，都曾經拿去店家保養，因為串珍珠的線有點鬆了，請店家為我換上新的線。這兩條項鍊，我都希望能夠好好使用。

但是，剛戴上時的那一剎那，心情還是不一樣。戴淡水珍珠項鍊時，就像是一種習慣，但在戴珍珠項鍊時，會想起母親。這一年，戴這條珍珠項鍊的次數增加了，而且也為原本束之高閣的它換了一個新的盒子。

母親去世時，留給我這條項鍊和幾件和服，以及「可以獨立生活」的態度。我沒有兄弟姊妹，所以母親很為我擔心，才會對我說這句話。

雖然我的人生算是平順，偶爾也有波瀾，但幸好已經走到五十歲了。沒錯，和這條珍珠項鍊的年紀相同。

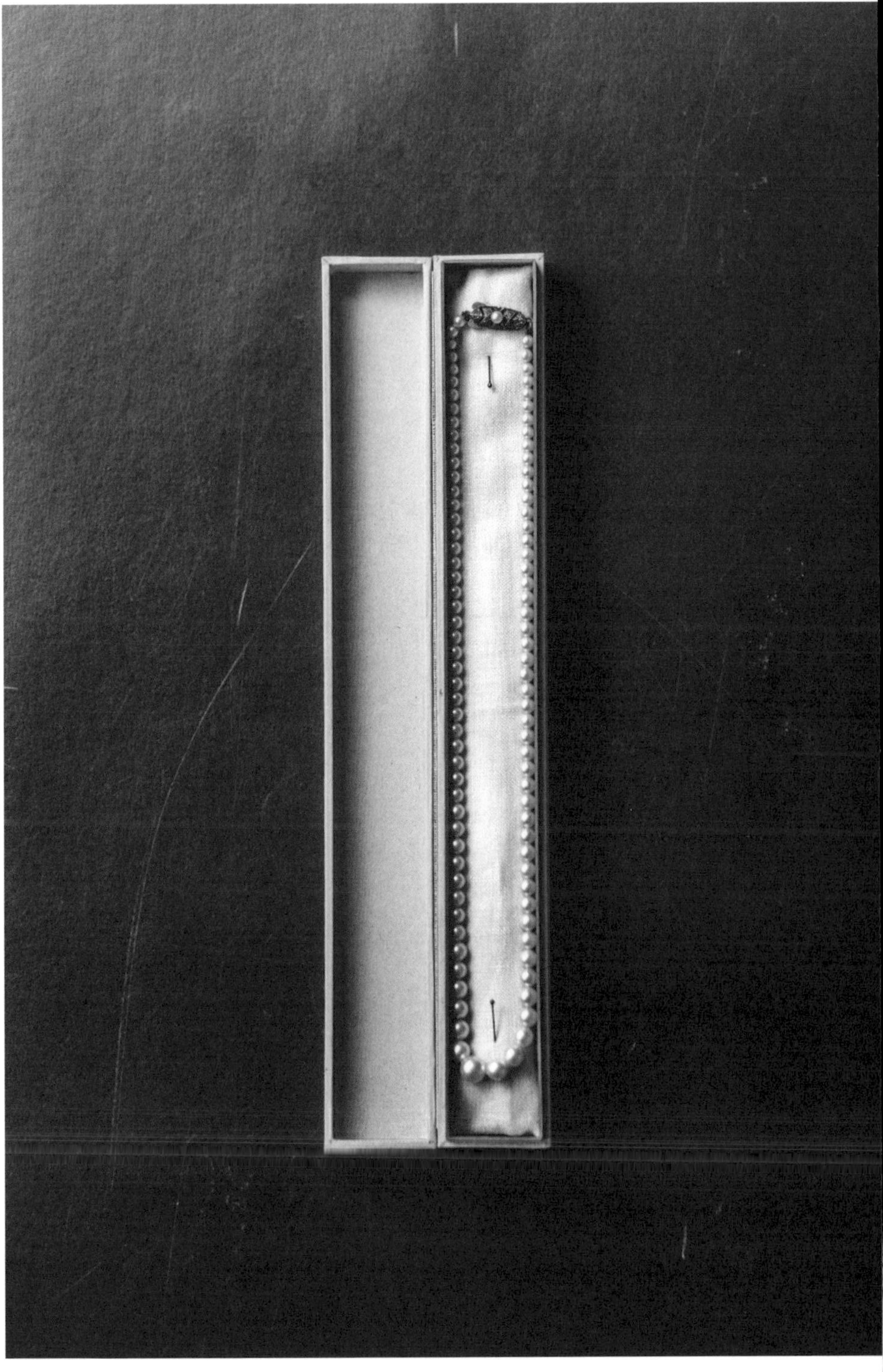

32 將意識集中在喜歡的事物上

隨著年歲的增長，有時候會變得頑固。因為了解到這個世界的真相，知道並不是肉眼可見的世界才是「真實」的。

然而，即使身處這樣的世界，仍然可以將意識集中在自己喜歡的事物和微小的幸福上。也可以傾聽一些微小的聲音，盡可能將注意力停留在開闊的世界上。

有時候不妨從遠處打量自己容易變得頑固的心，靜靜地觀察自己的話語、想法和平時的行為中，參雜了怎樣的心情。停下腳步，凝視這個世界如何變化。無論身在何處，都有自己該珍惜的人、事、物。

讓自己生活在一個可以認為「人生在世，是一件美好的事」的世界。你想要生活在怎樣的世界？

33 開心過日子

哪些事、哪些東西可以讓我開心？我在即將邁入三十大關之際，就持續思考這個問題。目前，仍然經常思考讓「目前的我」感到開心的事。

我在三十歲之前，就決定要「開心過日子」。當時我在出版社當編輯，覺得自己需要休假，結果勉強擠出時間，請假去南方的島嶼國家旅行。我去了夏威夷。之所以會選擇夏威夷，是因為覺得當時的自己需要村上春樹先生在《舞，舞，舞》中所描繪的夏威夷風景。

我在檀香山轉機前往茂宜島，等待我的是藍天和溫暖的海洋，燦爛的陽光和一片柔和色彩的海灘，天空中飄著白雲，完全是「典型的夏威夷」，典型的南方島嶼風景。

我去飯店辦理完入住手續之後立刻跑去海邊。一望無際的海灘，來到海邊的大人都盡情地享受那一刻。

我泡在海水中，腦袋放空地隨波逐流，感受到有什麼東西從身體深處湧現。平靜的大海，一抬頭，就是蔚藍的天空，海灘上傳來小孩子的笑聲。原本緊繃的身心漸漸放鬆了。

當時，我深刻而真切地感受到，「此刻的我很幸福」。當時我想到，人生在世，也許就是為了體會這種感覺。

我就是在那時候，決定要「開心過日子」。從那一刻開始，踏上了思考「開心是什麼？」的旅程。

如果不了解什麼是自己感受的開心和幸福，就無法決定自己前進的方向。要了解自己的感受，而不是別人的感受。

每天可以喝好喝的紅茶。在乾淨的房間內生活。舒暢的人際關係。用自己認同的方式工作。將想法付諸行動。想要見誰，就安排時間見面的態度。可以安眠的地方。

這就是令我開心的生活方式、生活和時間。不妨隨時停下腳步思考、感受，不時遇到一些逼迫自己思考的事，就會發現讓自己開心的事。

隨著年齡的變化，令自己開心的事也會逐漸變化。開心和身心狀態密切相關，有沒有伴侶，有沒有孩子，也會造成影響，會隨著工作、生活、家人和朋友等自己周遭的一切發生變化。「開心」這件事，會在時間中逐漸發生改變。

不知道五十歲後開心過日子是怎樣的生活方式。應該有和以前不一樣的開心，也會有相同的開心。我剛邁入五十歲，踏上了摸索新開心生活的旅程。

34

魅力

曾經有人稱讚我的聲音。

我的聲音低沉而小聲，別人經常聽不清楚。我為此感到自卑。從小時候開始，大家就說我的聲音很低沉，我很在意這件事。也許是因為這個原因，所以說話特別小聲。我很想放開喉嚨說話，卻無法做到。雖然我不太喜歡所謂的「女人味」，但在聲音方面，很希望自己有高亢的、有女人味的聲音。

所以，當有人稱讚我的聲音時，我有點……不，是相當驚訝，慌忙說：「不，沒有啦……」不知道接下來該說什麼。

回想起來，我大致能夠猜到對方為什麼稱讚我。低沉的聲音應該讓人感到安心；說話小聲時，也許不是靠聲音，而是靠話語本身的力量傳達說話的內容。自己聽到的聲音和別人聽到的聲音不一樣，所以無法了解真正的原因，但我猜想應該是這樣。

到了這個年紀——雖然這種說法不太好——很少會受到稱讚。有時候目不轉睛地看著鏡子，覺得「這也難怪」。這是很自然的事，所以我也接受了；但相反地，當受到稱讚時，就會感到很高興。

發現自己的「魅力」很重要。當別人稱讚自己身上的某些優點時，就坦誠地接受，並向對方道謝，同時珍惜雖然別人不了解，但自己覺得「很不錯」的優點，同時，暗自增加自己覺得「出色」的優點。

有些「魅力」與生俱來，也有些靠後天的持續努力，漸漸成為自己的「魅力」。

我走路時，盡可能放慢腳步。走路的時候，要樂在其中。

之前接受矯正時，治療師要求我「試著用好像走在草原上的方式走路」。走在草原上——

走在草原上時，視線會看得比較高、比較遠，步伐會變大，抬頭挺胸，放鬆肩膀的力量，呼吸變得更深、更慢，心情很暢快，可以感受到風。

雖然這種感覺只有自己了解，但持續之後，姿勢變好了，站姿也變得很挺拔，而且似乎比較不容易累。最重要的是，「走在草原上」是一件充滿魅力的事。

把外界和事物的「魅力」，轉化為自己內在的魅力。年輕時，即使不需要努力，也有很多吸引人的「魅力」，也許只是自己沒有發現而已。從今以後，要多發現自己的魅力，而且要努力增加魅力。

雖然我的聲音很小聲，也很低沉，但我以前曾經希望自己說話時，能夠保持舒服的聲調說話，希望聲音和話語傳入自己的耳朵時，聽起來很舒服。

兩、三年前曾經這麼想過，之後就忘記了。如果因此成為「魅力」，就代表實現了一個微小的目標。

35 往後的居住環境

我認為在居住環境這件事上，有幾件事很重要。第一，就是窗外的風景。其次，就是周遭環境的氣氛。第三，每天要在那裡做什麼。我對自己生活的環境並沒有太多的要求。

我覺得我對居住環境的要求每年都在改變。雖然居住環境和家庭有哪些成員有關，但我認為不需要太大的房子。溫暖舒適的房間、方便使用的廚房和浴室，動線合理流暢，比大房子更重要。除了自己一直都珍惜的東西以外，再加上這些條件，就可以提高生活品質。

我的腳之前受了傷。腿上打了石膏的日子比想像中更不方便。因為無法泡澡，只能淋浴。上、下樓梯時只能一級一級小心翼翼地慢慢走，無法拿高處的東西，也幾乎無法彎腰，有很長一段時間，都無法走進廚房下廚。

在腿傷痊癒之前，持續了一、兩個月這樣的生活，但我很慶幸那次的受傷經驗。因為我覺得讓我提早體會到「上了年紀」之後的生活。

但是，受傷可以預料「大致多久會恢復」，年歲增長後所發生的，往往是無法預料的事，所以，也許必須提早思考居住環境的問題。

我在腳受傷之後，搬到了老舊集合住宅的二樓。決定搬去那裡時，腳傷還沒有完全恢復。當時對住房的要求是，樓梯不要太陡，有空間可以放床，以及廁所要寬敞，可以飼養貓。

如今腿已經痊癒，回顧當時的要求，有點想要發笑，但其實這些條件對日後的生活也很重要。

我認為還有一件事也必須提前思考。雖然……應該還很遙遠，但如果發生什麼意外，需要他人照顧時，希望住家的環境能夠讓來幫忙照顧的人也感到舒服。

清爽的感覺。整潔的空間。比起家中堆滿根本用不到的東西，當然是可以清楚知道哪裡放了什麼的環境更方便活動，而且我認為清潔是基本。雖然有一定的年紀之後，有些事無法做到，但要力所能及地做好基本的事，盡力維持任何人都會覺得舒服的環境。

想要每天過怎樣的生活？想要看到怎樣的景色？吃什麼、用什麼、聽什麼、說什麼，最好充分了解自己的要求。每個人重視的事情不同，對生活的要求也不同。方便、舒適、開心和價值觀建立在無法以一言蔽之的平衡和協調的基礎上。

從現在開始，在思考自己的居住環境時，必須稍微考慮到以後的事。

36
「物品」和「生活」

我認為的「物品」，是必要的生活用品，容易整理的數量，和日常生活中真正使用的用品。我所使用的，都是自己覺得不錯的東西、使用順手的東西、美好的東西，和符合自己生活方式的東西。日常生活中所使用的物品，可以讓我獲得成長。

我在很久之前，就決定「不要成為物品的奴隸」，對我來說，「時間」是最重要的。

從出生的那一刻開始，就大致決定了一輩子所擁有的時間，甚至覺得「也許只有人類」生活在世上時，不知道自己一輩子到底能擁有多少時間。要如何運用時間，也決定了一個人的人生。

有了這種想法之後，某一天，我覺得與其把時間和思考浪費在整理、找東西上，還不如把時間用在其他事情上。不要因為擁有太多東西，整天要花時間整理，又無法整理乾淨，也不要整天想著自己想要的東西，羨慕擁有那些東西的人……我決定遠離那樣的生活。

那些「東西」並沒有過錯，當然也不是說，擁有很多東西是一種錯，只不過每個人在任何事上都有所謂的「容量」。

不光要了解自己對物品的容量，我認為在人生過程中，同時必須了解自己對其他事的容量。

年輕時，往往不了解容量，導致負荷超出了自己的能力範圍。對年輕時代來說，或許是必要的經驗，但是，會在某一天發現「啊，目前這樣對我剛剛好」的妥協點。

我對「物品」的容量並不大。我很擅長整理，也可以從中發現像拼圖般的樂趣，但只限於一定的容量。正因為有空白，能夠掌握拼圖的數量，才能夠「樂在其中」。

另一方面，也和我的喜好有關。我不喜歡「擁擠」的感覺，喜歡好像有點不夠的「空蕩」感覺。在並不算大的容量中，為了避免自己難以收拾，只能控制在「適量」的範圍內。

即使擁有很多東西，日常生活中使用的東西也有限。任何東西，要使用才能有生命。如果只是躺在櫃子裡，收在箱子裡，根本無法感受到物品的優點，所以，只要擁有「必要的數量」、「平時可以用到的東西」就足夠了。

人生在世，會面臨各種人生課題，必須思考，必須做一些身為大人必須做的事。有些人甚至可能會遇到一些煩惱，因此，不需要為自己增加「整理物品」的課題。因為只要避免過多的物品造成自己的問題，就不會成為問題。

要讓自己每天置身這些物品之中，也能夠開心生活。在展開每天的生活之際思考這些問題，就可以看清楚物品和自己的關係。有時候重新審視物品，可以改變自己，也可以改變思考方式。

不知道我人生還有多少剩餘的時間，我希望能夠在心情愉快的情況下，度過這些時光。

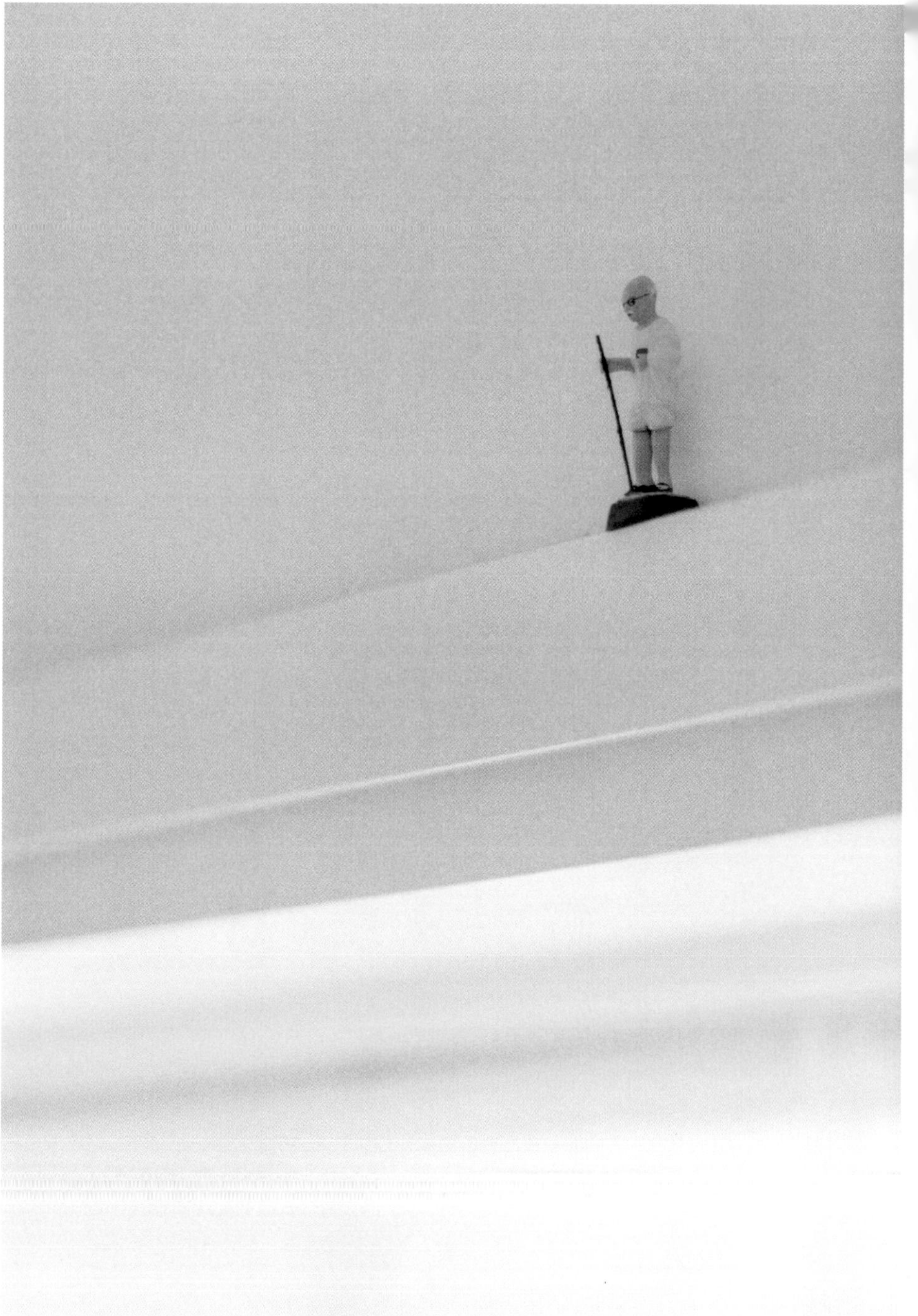

37 萬一

萬一有什麼三長兩短——為了預防這種狀況發生，我已經向朋友交代了必要的事。

我不需要墳墓。骨灰撒在葉山的大海中（目前的想法）。因為我養了一隻黑貓，希望可以有人接手。家裡所有的東西，如果朋友想要，都可以拿走。我用開玩笑的方式，向好幾個朋友交代了這些事。

並不是因為我已經走到了某個年紀的關係，而是在某個時間點，我發現「生」和「死」原來如此相近，當我發現任何人都無法自己控制生命之後，就開始向朋友交代。

思考死亡問題，或許讓人感覺有負面印象，但是，了解自己隨時可能從這個世界消失，就會發現「活著」這件事綻放出光芒。正因為人生在世的時間有終點，所以更要活得充實。

雖然我這麼說，可能會造成誤會，其實我並不是很喜歡自己，但我想要好好珍惜自己。所以，有時候除了「活著」的問題以外，也會思考「死亡」這件事。

努力活得充實……在思考這個問題時，發現自己能做的事、想要做的事有限。吃得香、睡得足、和心靈相通的人一起生活、有自己的工作、充分感受內心的想法、在一天結束之際，覺得「今天也是美好的一天」。即使明天早晨不再醒來，也了無遺憾了。

無論和家人一起生活，身旁有伴侶，或是獨自一人，對我來說，都沒有差別。

我開始覺得，自己的人生中，不需要再為無法如願的事感到生氣，也不必為自己不喜歡的人和事浪費自己的感情和時間。無論發生了如願的事，或是遇到不如意的事，日子還是照樣一天一天過去。

以後的時間是在「現在」的延長線上，既然生命無法控制，自己所能夠做的，就是珍惜「現在」。因為「現在」可以決定未來。

我交代朋友的內容，都不是什麼重要的事。除了黑貓的事以外，從某種意義上來說，都是手續上的事和表面的事。

但是，當真正把「交代」說出口，可以確認自己的生命時間並非無限，同時覺得可以說出自己的想法，也有朋友願意傾聽是一件幸福的事。

38 口袋裡

在每天的生活中，有些東西可以豐富自己的人生。有些人可能同時擁有好幾件這樣的「東西」，有些東西會隨著年齡、生活的地方和內心的狀態發生改變，有些「東西」可能從小到大都不曾改變。

我從小就喜歡書本。

我對閱讀的喜愛源自一本書。《在梅溪邊》是「小木屋系列」中的一本，我在九歲還是十歲時因為看了這本書，了解了「閱讀的樂趣」。

說自己「喜歡閱讀」，可能會讓人覺得很文靜，但我小時候既喜歡活動身體，也喜歡閱讀，也喜歡幻想，目前仍然沒有太大的改變。

隨著年歲的增長，有些事會發生巨大的改變，但有些事不會改變。有時候忍不住為這件事感到高興。

現在，能夠閱讀自己喜歡的書，也讓我感到高興。我喜歡和文字的相遇。

書中有很多不同時期的我所需要的內容，當發現那句話，那段文字時，原本散亂的點和點連結在一起，某些東西好像相互吸引，合為一體。

有時候會在書上發現自己正在思考的問題的答案，有時候也會發現一扇新的門。我就是為此——翻開書頁。

雖然這麼說有點誇張，但這種時候，每每讓我覺得「不枉此生」。因為有幸來到人世，能夠在這裡看這本書，所以才能夠產生這些體會和感受，而且，兒時的「喜歡」帶我走到了今天，這是人生美好的一幕。

曾經有一段時間，我總是多愁善感地思考「人為什麼活著」、「人生該走向哪個方向」這種大哉問。

人生在世，就是來到了這個地方……真希望可以告訴十幾、二十歲的自己，自己在未來的人生中，會產生這樣的體會。

「喜歡」的感覺，也許就像是可以通往那裡的通行證。我從小時候開始，口袋裡就有一張通行證。同時，「喜歡」也可以代替通行證，只是在長大成人之後，才能發現口袋裡有一張通行證。應該是人生中走過的這段歲月，讓我意識到這件事。

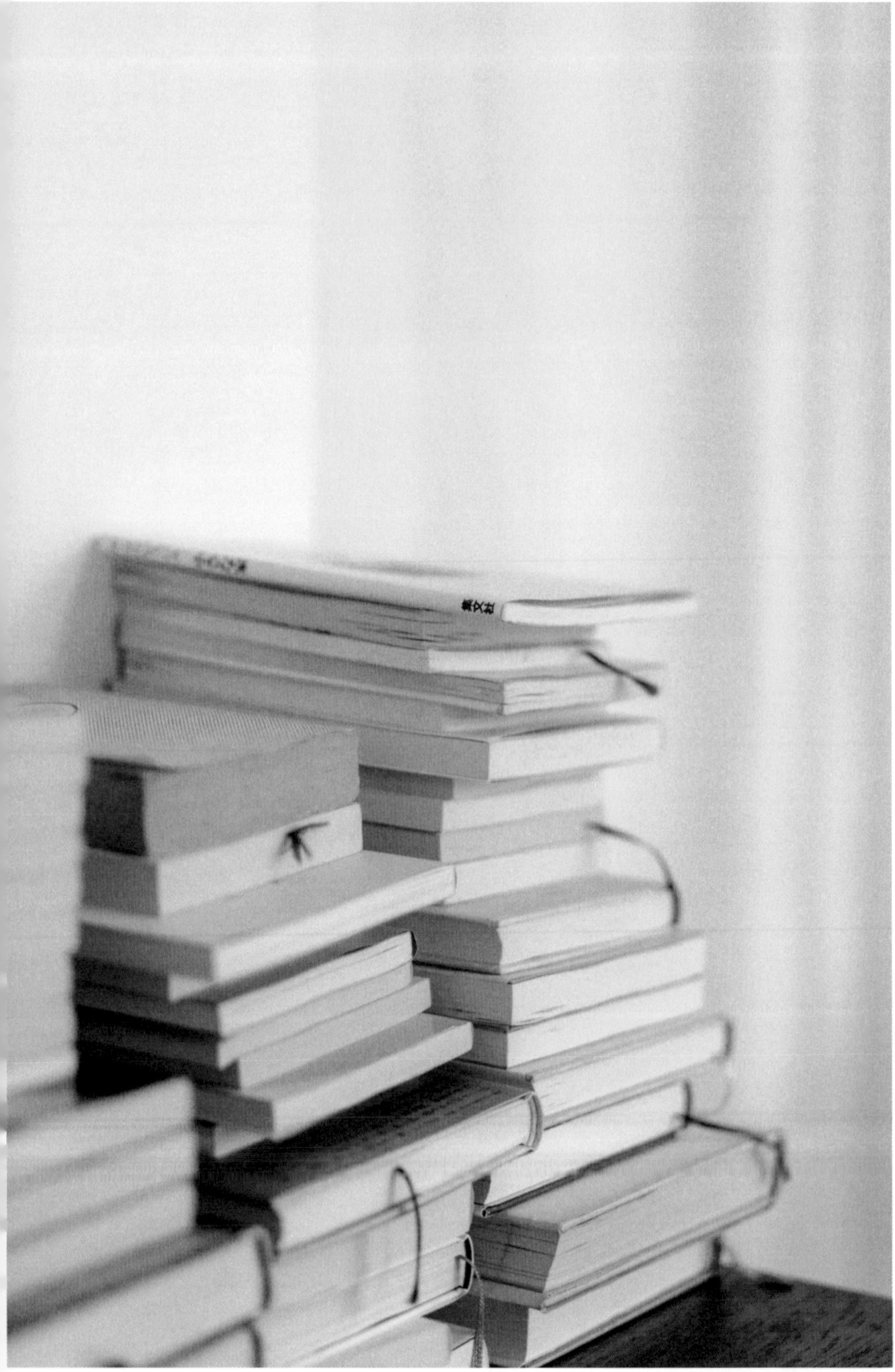

39 像書信般的電子郵件

接到來自遠方的信總是令人高興。同樣的，我也很喜歡每天和朋友之間互通的電子郵件。雖然不時聽別人說，電子郵件很乏味，但是，像書信一樣的電子郵件，沒有時間差的電子郵件，可以感覺到彼此的距離更近了。

有好幾個朋友都會寄給我像書信般的電子郵件，不知道讓我高興了多少次，也不知道有多少次讓我得到了救贖。彼此的交流和形式無關，重要的是，想要傳達給對方的那份心意。

在寫電子郵件時，寫一些讓自己感到舒服的話語，閱讀時感覺流暢的內容。能夠用言語表達的，就充分運用文字的力量。這才是大人該寫的郵件。同時不要忘記，電子郵件是容易產生誤會的通訊方式。但有時候，電子郵件比直接見面、聊電話和寫信更理想，因為可以立刻告訴對方，「我在思念你」。

40 貼上希望

「讓自己看見」是一件很重要的事。因為對任何人來說，眼睛看到的資訊更容易留下深刻印象。

我貼了一張某個人的照片，但並不是那個人活躍在第一線的身影，而是他在訓練時的照片。平時很難看到他這樣的身影，但我認為正因為他在日常生活中能夠將自己的身心維持在理想的狀態，所以才能長期活躍在第一線。在結果決定一切的世界，他為此持續默默努力，這一點令我深受感動。

貼那張照片，並不是為了和自己比較（那是令我望塵莫及的境界），也不是因為嚮往，而是為了提醒自己不要忘記，「有像他一樣的人」。

除了與生俱來的才華以外，還有自己努力奮鬥的世界。對我來說，那是閃亮的光芒。

41 去做「想試試」的事

你現在有想要嘗試的事嗎？試了之後，如果覺得很開心，可以繼續下去；如果和想像中不太一樣，不妨等待下一件讓你想要嘗試的事出現。我日前認為帶著這種心態去嘗試新的事比較理想。

也許有人從小被叮嚀，「既然要做一件事，就要有始有終」，所以，還沒有開始，就已經猶豫不決。但是，有些事在實際嘗試之前難以了解，而且不要忘記，時間的浪潮不斷襲來，然後從身邊流逝。

最近，為了玩傳接球，我戴了棒球手套。我之前一直想要試試傳接球，實際玩了之後，發現很好玩，只是目前我還無意去買棒球手套。在藍天下玩傳接球太暢快了，然後，靜靜地建立了目標（野心）——希望有朝一日，可以漂亮地投球。

42

一天、一星期、一個月、一年

每天早晨醒來時，都會對飼養的貓說：「早安。」然後為牠準備早餐，打開窗戶，播放音樂，為陽臺上的盆栽澆水，然後為自己泡紅茶。除了外出旅行的日子，我每天都用這種方式開始一天的生活。

一天之中，我最喜歡早晨的時間。無論晴天還是雨天，無論心情如何，都可以感受到「能夠這樣迎接早晨」是一件重要的事。

有時候房間內井然有序，有時候還殘留著前一天晚上的餘韻——也就是沒有整理的意思；無論是神清氣爽地醒來，還是內心有點隱隱作痛，對我來說，都是一個全新的早晨。

年輕時，從來不曾想過，有朝一日，自己的時間會走到盡頭，但這就是年輕，也是年輕歲月的特權。或許是因為這樣的關係，所以整天渾渾噩噩，會為未來煩惱，會很努力，但也同時感到不安。

在發現生命的時間有限之後，就開始希望「認真過好每一天」。只是耗費了相當的時間，才終於有了這樣的體會。

因為從發現之後，必須經過一段時間，身心才能真正接受。

上了年紀之後該怎麼辦？萬一生病該怎麼辦？每個人都會為此感到不安，但是，沒有人能夠預測未來的事。

六十歲後會產生的擔心，七十歲後要面對的不安。但是，我們甚至無法知道自己能不能活到六十歲，也不知道能不能活得比六十歲更久。

所以，我告訴自己，不要帶著擔心和不安思考未來的事，不要過度思考以後的事。

並不是不思考。雖然思考，但不必憂心。凡事就順其自然，船到橋頭自然直，當船駛到橋頭時，就努力讓它變直。

為此，必須好好感受每一天，好好生活。

「今天」不斷累積，就變成一個星期，進而變成一個月、一年……雖然無法預測一年之後的事，但可以選擇充實度過今天、當下這一刻。

我已經知道，人生並非每一天都會快樂，也知道有些時候，心情無法暢快。即使這種時候，也只是因為「今天剛好是這樣的日子」。

讓自己在一天結束之際，覺得「今天也過得很好」，真心期待新的早晨再度來臨。

43 偶爾熬夜

覺得熬夜很開心，已經是很久以前的事了。自從了解早晨的時間多麼舒服之後，我漸漸變成了晨型人。

但是，偶爾熬夜也不壞。吃完晚餐後，一直聊天到深夜；外出旅行時，等待黎明的曙光；熬夜看喜歡的小說；參加通宵派對；和心愛的人共度良宵。正因為有這樣的夜晚，更能夠體會日常生活中清晨的時間有多重要。

開心熬夜後，需要花很長時間才能恢復，這也是無可奈何的事。隔天照鏡子時，可能會被嚇一跳，或是覺得渾身好像灌了鉛塊……但是，有時候正因為有這樣的時間，才會了解這個世界的美好，有些夜晚此生難得，留在記憶中的，往往是這樣的夜晚。

44

喝一杯咖啡的時間

出門旅行時，我都會從容出門，提早到機場喝一杯咖啡。

在機場時，觀察來來往往的人，看飛機起降的風景，翻翻自己帶的書。如果和別人相約，在等待的時候，就想著對方。有時候也會想像接下來的旅行——即使只有短暫的時間，一點點從容，可以讓旅行的時間更充實。

目前，較大的機場和主要車站都可以喝到好喝的咖啡，我都會記住在哪裡喝了怎樣的咖啡，機場內有哪些店。沒有咖啡店時，我有時候會在家裡泡了好喝的茶帶去機場。

羽田機場內有東京的美食，我會買餅乾和巧克力配咖啡（我喜歡Ginza West的餅乾）。

機場有著一個國家的味道。我喜歡夏威夷的機場。走下飛機時，感受著陽光、清爽的風和夏威夷特有的氣息，覺得「我終於又來這裡了」，更覺得「就是想要這種感覺」。回國時，在機場喝著熱咖啡，想著「下次還要走進這片風中」。

坐在北歐某個都是玻璃帷幕的機場大廳時，曾經看著不斷變化的天空出了神。

雖然偶爾也會懷念以體力、好奇心和速度為優先的旅行，但目前這種旅行方式也不錯。一杯咖啡的時間，讓旅行的方式也發生了改變。

45 一起去旅行

在我成為大人以後，我才知道自己無法一直停留在同一個地方。因為不可能經常搬家，所以才會選擇出門旅行。以前都會特地安排假期出國旅行，現在很享受國內旅行。

四十歲時，我買了可以用一輩子的行李箱。那是歐洲製造的行李箱，我去巴黎時，決定去當地買，所以，那次沒有帶行李箱出門，可惜那次沒有買到，最後是在旅行回國之後，在東京的百貨公司買了想要的行李箱。

像箱子般的深藍色行李箱是紙做的，所以很輕。因為我個子很小，所以一直想要一個輕巧的行李箱。

行李箱內側是米色的麻質布料，因為東西只放在其中一側，所以打開或關起行李箱蓋子時，裡面的東西也不會掉出來。

使用多次之後，可以感受到「人性化的設計」。注重牢固性和安全性的人可能不適合使用這款行李箱，但這款行李箱可以讓使用者充分感受到「使用的樂趣」，最重要的是，行李箱的外形美極了。

因為長期旅行時使用的大行李箱實在太好用，我又買了一個小號的行李箱，可以在短期旅行時使用。因為我沒有昂貴的名牌包，對我來說，這個行李箱是我最好的包包。

平時，行李箱內都保持淨空狀態。雖然很想用來裝東西，但我不喜歡要用行李箱時還要清理，所以乾脆什麼都不放，只放一塊香氣宜人的香皂……！西班牙歷史悠久的藥局製造的香皂散發出茉莉香氣。

日常使用的東西，要挑選自己喜歡的，偶爾使用的東西，更要好好珍惜。人生中，並沒有太多次買行李箱的機會。

我的行李箱放在隨時可以看到的地方，代表「隨時可以出門旅行」，我希望帶著這樣的心情生活。

180°S

46

去見想見的人，共度片刻時光

如果有「想見的人」，我會立刻行動。因為我覺得想要「以後」再說，很可能沒有「以後」了。

能夠成為朋友，代表對自己而言是重要的人。有了年紀之後，更加覺得「很慶幸結識這樣的朋友」。也許是因為已經了解到，人生路上，能夠遇到讓自己有這種想法的朋友並不多。

讓我覺得「很慶幸結識」的朋友，都是可以交流彼此的感受和想法的人，可以分享自己內心深處的事，對方也願意和我分享心事。分享彼此的想法、正在閱讀的書，如果對方有工作，就會討論工作的事，分享做事的態度，和想要做的事，了解對方這個人，了解形成對方的光和影的部分。我們常常一邊喝茶，或是一邊吃飯，有時候一邊散步，一邊好好聊這些事。

必須經過一段時間之後，才能夠深入聊這些事。所以，我和大部分人都是慢慢地、慢慢地拉近距離。

能夠對眼前的人多坦誠、多真心？這是我能夠為對方做的事。所以，在見面的時候，我會盡可能傾聽眼前的人說的故事，聽對方說的話。表達意見時，也會說得很明確。如果對方暫時無法說，可以等到能夠說的那一天；如果自己無法用言語表達時，就請對方耐心等待。

人際關係的建立，和生活方式有密切的關係。有些人能夠和很多人深入交往，有些人的人際關係廣泛卻不深入。應該也有人像我一樣，覺得結交幾個知心朋友更適合自己。這並沒有好壞之分，每個人都會找到適合自己的交友方式。隨著年歲的增長，我覺得這樣很好。這個問題沒有所謂的正確答案。

人際關係的建立、彼此之間保持的距離有各種不同的方式，但所有的人際關係都是從「相遇」開始，從交談開始。所以，我會去見朋友。

約好見面之後，無論對方是男是女，比我年長或是比我年輕，我都會想像和他們見面的情況後打扮出門。其實我每次都穿差不多的衣服，但會想著努力讓見面的時間更愉快。和別人見面，是和對方共同擁有相同的時間，希望雙方在見面之後，都能夠覺得「這次見面很值得」。

約在某個地方，然後去某家餐廳喝咖啡、吃飯……分享最近發生的事、開始看的書、最近的心情、身體狀況、工作情況、時尚的話題、情人的事和家人的事。話題偶爾中斷時的沉默也很棒，沉默時，可以感受對方的氣息，有時候可以比說話時感受到更多。

每個人有各自的生活和工作，在見面的時候，尊重對方，同時也尊重自己。在人生的歲月中產生片刻的交集——你現在想要見誰？

47 單獨見面

最近開始覺得，和朋友見面時，兩、三個人見面時最自在。

兩個人見面時可以促膝談心，聊一些無法在眾人面前說的事，內心深處的想法，彼此會有心靈相通的感覺。我認為只有單獨見面時，才能夠聊這些。

三個人見面時，我喜歡聽另外兩個人交談。三個人在一起時，我通常很少說話，因為聽別人說話更開心，我會豎耳細聽，好像在聽詩歌般，聽其他兩個人的想法和感受。

交談是言語和言語之間的交流，但有時候不需要言語……我最近開始有這樣的想法。因為可以在流逝的時間和空間內發現對方。

無論是健談的人，還是寡言的人；不管是男人還是女人，都希望能夠共度充實的時光，但我已經知道，「充實＝話多」這樣的等式並不成立。

和人見面時，我會避免談論第三者的事。即使要說，也只說好話、愉快的內容，只說即使傳入當事人耳中也無妨的話。

眼前的人就像是自己的鏡子。同樣的，對方也覺得我是「鏡子」，所以，我希望彼此能夠共度「充實的時光」。

48 大人的眼淚

「哭是好事」。想哭就哭，是一件好事。

當心情起伏時、高興時、難過時，有時候甚至沒來由地差一點流淚。以前，我都會強忍住眼淚，但是，最近想要流淚時，就會讓眼淚流下來。

在公眾場合不可以流淚。我從小接受這樣的教育，自己也一直這麼認為。尤其在工作的場合，絕對不能流淚。

不光是我，我相信大部分人都是如此。我曾經目睹過數十次不合理的狀況，在社會上工作，難免會遇到這種事。久而久之，就忘記「哭泣」這件事，覺得流淚不是好事。尤其男人比女人更不能輕易流淚……

當自己接觸到某些事時，就會產生反應而流淚。目前的我，經常在遇到美好的人和事時，我情不自禁落淚。難過的時候當然也會哭，但內心被打動時流的淚，遠遠超過難過的淚水。

這是因為現在越來越容易感動的關係。月色美麗的夜晚、找到了之前想要知道的事的答案時、收到遠方的朋友寄來的信、看到電車窗外的風景、讀到書中的某個章節、電影的某個場景、在音樂和交談中，發現宛如光芒般的話語。這些微不足道的事可以打動我，進而變成眼淚。

既然深受感動——應該是非常重要的事——就讓這份感動變成眼淚，而不想讓它變成其他東西。所以，我會跟著感覺走，讓淚水流下來。

年輕時，曾經覺得在人前落淚是一種軟弱，也無法接受別人這麼看我。但是，隨著年歲的增長，我知道這並不是軟弱。而且，即使真的是軟弱，我也覺得無所謂。因為人不可能永遠堅強。

我現在經常流淚，流淚的頻率高到有點難以想像。因為我覺得流淚也沒關係。如果感動會變成眼淚，我希望自己可以身處有很多感動的地方。

如果每天的生活中有很多感動，無疑是最棒的人生。

49 當年的時光

二十多歲時，我曾經做過書籍編輯的工作。現在回想起來，當時我學到了很多，別人也教會了我很多事。除了工作以外，還學到了很多其他方面的事。

比方說，和作者吃飯時，要挑選怎樣的餐廳；開會討論時，要約在哪裡見面；要挑選怎樣的伴手禮；要去哪裡買花，要怎麼包裝；委託工作時，要怎麼寫信，要挑選怎樣的信紙。除了對工作的態度以外，學到了很多雖然和工作沒有直接的關係，卻是很重要的事。

直到我離開當時的職場，過了很久之後，我才知道那段日子讓我受益良多。剛辭職的時候，因為變成了自由業，所以只顧著看前方。說起來，當時對終於可以不必再和同事打交道感到鬆了一口氣……但是，在過了十多年之後，開始回想起「當年……」。

除了職場本身，我也從作者身上學到了很多。

有一次，由我負責編輯某位作家的書。對方是比我年長很多歲的女作家，在合作過程中，有機會拜訪她家，驚訝地發現她家的感覺太舒服了。整潔的家中擺放著有質感的家具、餐具、書本和幾件小擺設，低調奢華的物品都使用了很多年，每一件物品都很有她的特色，也可以充分代表她這個人。當時我深深體會到，「原來可以這樣生活」。

從事自己喜歡的工作，把自己的感受化為文字，珍惜時間，在自己喜歡的環境中生活，還有清高。沒錯，我也是從她身上了解到，人有時候需要清高。

隨著歲月的流逝，越來越覺得當時遇到的人，遇到的事多麼重要。雖然自己學到了不少，但別人教會了我更多事，只有我自己不了解這件事。人生沒有任何經驗是浪費的。

即使當時覺得「不必要」，當未來改變時，過去也會發生變化。

目前，我也藉由工作，從朋友身上，以及世上發生的事中學到很多，所接觸的一切，都會向我傳遞某些東西。

當年學到的事，至今仍然是我內心的基準之一，我才能夠繼續做我自己。

遇到怎樣的人？和怎樣的人相處？隨著年紀增長，漸漸發現沒有比和他人的相遇更重要的事了。

50 「事到臨頭」才會知道的事

我想，我是在有了一定的年紀之後，才了解到「有些事，要事到臨頭才會知道」。無論是自己的事、別人的事、人際關係、工作、生死、疾病，有關人生的所有一切都是如此。

我們能夠在某種程度上想像別人的痛苦和悲傷，但是，在人生過程中的很多事，真的只有成為當事人之後才能體會。

當自己也身處那個立場時，才終於能夠了解，原來當時那個人是這樣的心情、這樣的感受，於是，可能會覺得當初應該對對方更好一點，覺得自己應該多說幾句，或是相反地，認為自己當時太多話了。

隨著年紀的增長，接觸疾病和生死的經驗也會增加。親近的人離開人世、家人生病，有時候自己的身體狀況不太理想。可能會失去或是陷入傷痛，甚至看不到人生的希望。只要記住一件事——這些情況，真的必須事到臨頭才會知道。當自己無法了解、無法想像，或是不曾經歷過時，盡可能不要太武斷。

當自己還無法了解時，唯一能做的，也許就是「靜靜地傾聽」，這種時候，不需要表達自己的意見。當無法用言語表達時，那就慢慢等待。當身處不同的立場時，也能夠理解對方，再為對方做力所能及的事。

我們體會這些「事到臨頭」的經驗，也許就是為了這些經驗能夠在有朝一日，對他人有所幫助。忘了從什麼時候開始，我開始有這樣的體會。經驗可以讓我們了解，能夠為和自己相同立場的人做什麼。雖然每個人的感受方式、接受方式和表達的方式各不相同，但「悲傷」的感情並沒有太大的不同，所以，只要回想一下，當初自己面臨同樣遭遇時的情況就好。

如果自己走出了傷痛，可以告訴對方，雖然傷痛無法消失，但我們可以帶著這些傷痛繼續走下去。

即使背負著某些東西，我們也往往不會說出來。有時候並不是故意不說，而是沒辦法說；有時候可能需要一點時間，才能夠說出來；有時候甚至連親近的人也沒辦法說。如果剛開始建立這樣的關係……當然需要一點時間。

年輕時，從來不會想到這些事。經驗也許是為需要這些經驗時所準備的禮物。

內心有傷痛。即使內心帶著傷痛，仍然可以繼續邁向人生路。年歲的增長，同時也是為生命增加厚度，所以，我覺得「年齡增長也不壞」。

無論是歡喜還是悲傷，都是屬於我的時間，我可以自己決定在自己的人生歲月中看見什麼、感受什麼、留下什麼影響。二十歲有二十歲的影響力，三十歲有三十歲的影響力，五十歲也應該有五十歲的影響力。

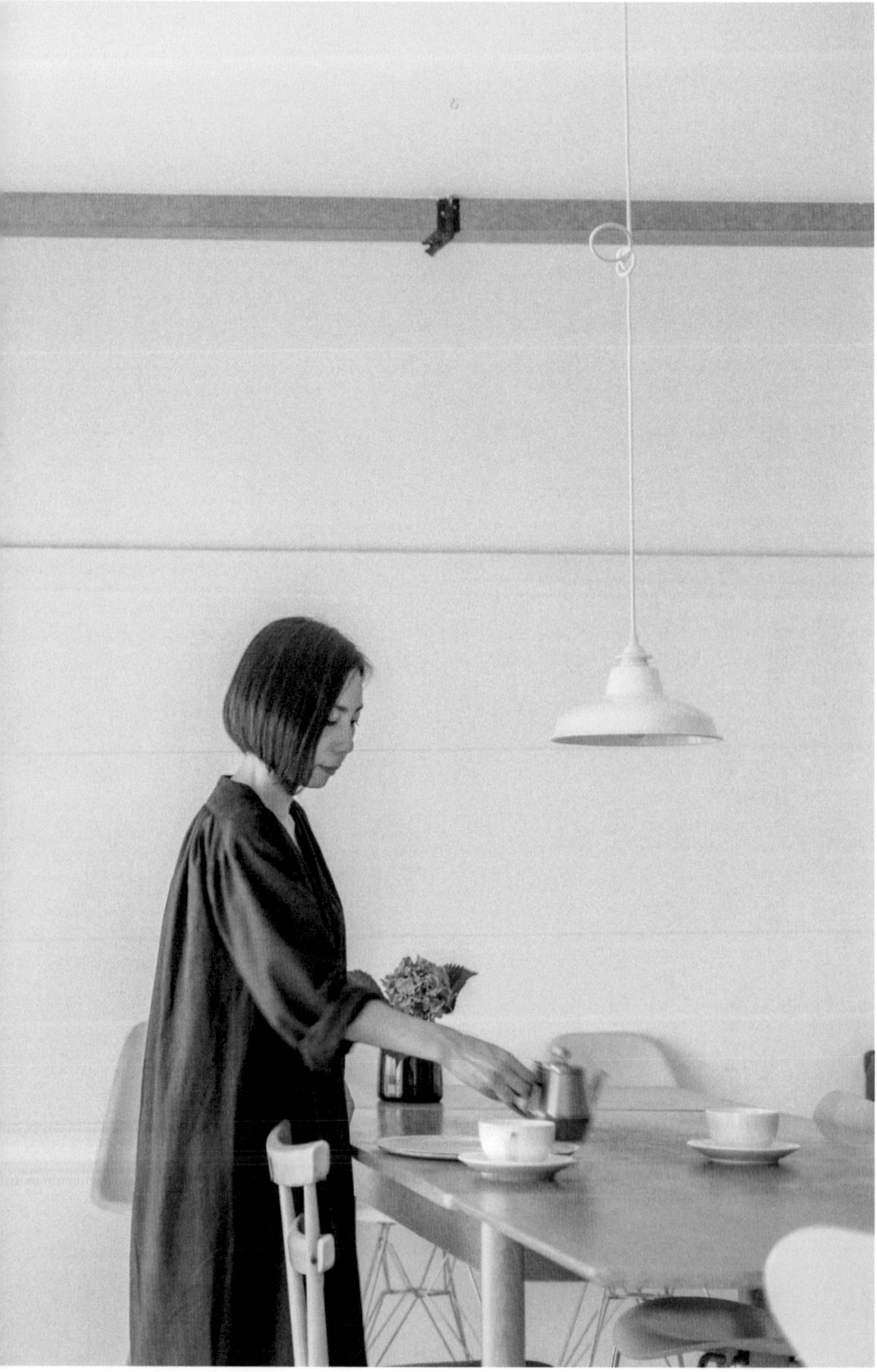

後記

我已經走過了五十年又六個月。邁入五十大關半年之後，我覺得五十歲「似乎、挺不錯」。

五十歲的生日一晃而過，隔天之後，有和往常相同的時光（雖然絕對不一樣了），也經歷了意想不到的時間，但我仍然覺得「人生太美好了」。

意想不到的事……其中包括了開心的事，也有不安的事，但就好像我順利走到了今天，我相信日後也能夠順利走下去。從今以後，會有從今以後的「第一次」，也會有「經歷多次」的事，不知道五十歲的自己如何看待這些事，我希望自己能夠樂在其中。

衷心感謝拿起本書、閱讀本書的各位讀者。不知道各位是因為怎樣的機緣閱讀這本書？是即將邁入五十大關的人？還是今年五十歲的人？或是五十多歲？也可能是更年輕的讀者。無論各位讀者幾歲，我都希望各位能夠健康、快樂地活出自己的特色。

感謝在製作本書過程中合作的攝影師加藤新作先生，設計師渡部浩美小姐和編輯渡邊智子小姐。拍攝當天，看到新作先生上傳的漂亮照片，我不知道驚嘆了幾次，設計完成時，也忍不住感嘆。我有好幾本由浩美小姐負責裝幀的書籍。從企劃到成書為止的這段漫長時間，深刻感受到智子小姐的細心周到。感謝各位，希望有機會再度合作。

雖然不知道未來等待我的會是怎樣的世界，但我想起了「原野」這兩個字，我希望能夠不時站在那裡（希望自己有能力站在那裡）欣賞風景。

話說回來，五十歲真是太猛了。

廣瀨裕子

國家圖書館出版品預行編目資料

人生下半場，我想要這樣的生活 / 廣瀨裕子著；王蘊潔譯. -- 初版. -- 臺北市：平安文化, 2017.05
面； 公分. -- (平安叢書第558種)(Upward；73)
譯自：50歳からはじまる、あたらしい暮らし
ISBN 978-986-94552-2-0(平裝)

1.生活指導

177.2　　106005211

平安叢書第0558種
UPWARD 073

人生下半場，我想要這樣的生活

50歳からはじまる、あたらしい暮らし

作　者—廣瀨裕子
譯　者—王蘊潔
發 行 人—平雲
出版發行—平安文化有限公司
台北市敦化北路120巷50號
電話◎02-27168888
郵撥帳號◎18420815號
皇冠出版社(香港)有限公司
香港上環文咸東街50號寶恒商業中心
23樓2301-3室
電話◎2529-1778　傳真◎2527-0904
總 編 輯—龔橞甄
責任編輯—陳怡蓁
美術設計—王瓊瑤
著作完成日期—2015年
初版一刷日期—2017年5月
初版四刷日期—2020年9月
法律顧問—王惠光律師

讀者服務傳真專線◎02-27150507
電腦編號◎425073
ISBN◎978-986-94552-2-0
Printed in Taiwan
本書定價◎新台幣320元/港幣107元